더 큰 성공을 꿈꾸는

_____ 님에게 이 책을 선물합니다.

GA 영업의 신

GENERAL AGENCY

영업의 신

안주원 지음

Contents

Prologue   FC에서 국내 최연소 본부장이 되기까지   010

Part 01   우리 삶에 퍼펙트 골드란 없다   017

나의 짧은 영업 인생   019
첫 계약의 추억   025
맨땅에 헤딩도 스마트하게   031
'루키 챔피언'이 되다   037
오르막과 내리막, 그 쓸쓸함에 대하여   040
챔피언인 내가 회사를 떠난 이유   044
롱런의 비전   047
왜 미국에서는 전속사가 사라지고 있을까?   051
GA를 고민하는 분들께   054

Part 02   GA 성공을 위한 8가지 원칙   059

Chapter 1. 영업의 기본 원리를 기억하라   062

목표의식   064
간절함   067
신뢰   069
차별화   070

Chapter 2. 상품의 다양성을 적극 활용하라   074

'삼자대면 상담'에서 깨달은 것   076
진짜 보험 컨설팅을 하다   078
작은 보험으로 큰 인연을 맺다   081
[꿀팁①] 안주원 본부장 상담 RP 메모 대공개!   084

Chapter 3. 활동 영역의 한계를 극복하라   105

내가 '플레잉 코치'를 선택한 이유   108
6개월 만에 지점장이 되다   112
투자 마인드 장착, 성공의 지름길   114
현장 밀착형 관리자가 되라   117
나, '보험 설계사' 안주원   120

Chapter 4 . 설계사에서 사업가로 성장하라 124

'사업가 마인드'가 성공을 만든다 126
GA 수수료의 비밀 129
리더의 역할, '영업의 장' 열기 132
교육은 가장 확실한 투자다 135
GA계의 보험 사관학교를 만들다 137
우리의 조직 문화, '칭찬'과 '축하' 142
성공하는 GA 조직의 핵심 전략 146
일도 놀이도 열정을 다해! 148
5년 후 3,000명 조직의 수장을 향하여 151
[꿀팁②] 안주원 본부장 리크루팅 RP 메모 대공개! 155

Chapter 5 . 영업의 신대륙, SNS 마케팅 165

SNS, 나부터 즐기자! 168
가식 대신 진심을 '편집'하라 170
지역 사회의 'SNS 스타'가 되자 172
노출로 승부하되 수다쟁이는 되지 말자! 175

Chapter 6 . 당신만의 차별화된 무기를 만들어라 179

나만의 클로징 멘트 & 차별화된 실천 182
소개 요청도 차별화된 방식으로 184
서비스도 선물도 '한 걸음 더' 187
또 다른 차별화 무기, DB 영업 190

Chapter 7 . 실행에 집중하라 194

루틴을 만들고 도를 닦듯 반복하라 196
실행의 추진력, 상품에 대한 확신 198
실행력을 점프시켜 주는 노하우 3 200
결국, 영업은 '하는 것'이다! 202
[꿀팁③] 안주원 본부장의 지인 소개 영업 노하우 대공개! 205

Chapter 8 . 6가지 법칙으로 리더십을 키워라 210

한계의 법칙 & 영향력의 법칙 212
과정의 법칙 & 항해의 법칙 215
덧셈의 법칙 & 끌어당김의 법칙 218

Epilogue   당신의 꿈은 무엇입니까? 224

Prologue

FC에서 국내 최연소 본부장이 되기까지

능글맞은 표정의 할아버지가 컵 세 개를 테이블에 한 줄로 엎어 놓고 현란하게 손을 움직인다. 손이 스치기만 해도 컵의 위치가 순식간에 바뀐다. 물론 우리가 원하는 돌멩이는 단 하나의 컵 안에만 있다. 그걸 맞혀 보겠다고 눈에 힘을 주고 컵을 쫓아가 보지만, 손의 속도를 당해 낼 재간이 없다. 게다가 할아버지의 재미난 입담은 정신을 쏙 빼 놓는다. 그 와중에도 우리는 최후의 순간, 돌멩이가 어느 컵에 들어가 있는지 골라야 한다.

인생은 크고 작은 선택의 연속이다. 운명은 내게 부모님을 정해 주었지만, 나머지는 모두 다 내 선택에 달렸다. 더 나은 길 하나를 가려내는 것은 결코 쉽지 않은 일이다. 순간의 선택이 인생을 송두리째 바꿀 수도 있으니, 선택은 언제나 조심스럽다.

그리 길지 않은 내 인생에서도 삶의 갈림길에 섰던 경험이 몇 차례 있었다. 그때마다 나는 어김없이 한쪽 방향을 선택해야만 했다. 마치 할아버지가 내놓은 컵을 고르듯이 말이다.

학창시절 내내 우리 집은 기초생활수급 대상이었다. 내 이름을 부르며 급식비 지원 서류를 받아 가라는 방송이 얼마나 창피하던지. 그때부터였다. '정말, 나, 돈 번다!'는 결심을 한 것이. 하고 싶은 일을 하려면 돈이 있어야겠다는 생각에 정말 안 해 본 아르바이트가 없다. 치킨 배달, 웨딩홀 서빙, 노가다는 기본이고, 고깃집 솥뚜껑까지 닦으며 닥치는 대로 일했다. 그렇게 돈을 벌어 가며 대학 연극과로 진학을 했지만, 거기서도 운명의 컵은 가만있지 않았다.

휴학하고 갔던 군대에서 휴가 기간에 우연히 친구들의 공연을 본 것이 계기가 되었다. 도저히 연기로 친구들을 따라잡을 수 없다는 판단이 들어 부대에 복귀하자마자 바로 취업 준비를 시작했다. 상병, 병장을 거치면서 독하게 시험 준비를 했고, 마침내 72:1이었던 삼성 에스원 고졸 공채에 합격했다. 물론 운이 좋았다고 생각한다. 하지만 나의 선택과 노력이 없었다면 운이 따라 줄 일도 없었을 것이다.

회사생활은 나름 순항이었다. 대기업이라 연봉도 또래들보다 높았고, 복지도 좋았다. 그렇게 1년 3개월이 흘렀다. 그런데 또 한 번, 선택의 순간이 다가왔다. 시간이 갈수록 회사가 내 삶을 정해 주는 것이 점점 답답해졌던 것이다. 또 하나, 남들보다 열정적으로 더 많이 일하는데도 월급은 똑같이 받는 것이 부당하게 느껴졌다. 아무리 남들이

부러워하는 '삼성맨'이라도 결국은 직장인이었던 것이다.

그렇다면? 긴 고민 끝에 나는 삼성이라는 안정된 직장을 그만두기로 결심했다. 당연히 주변 사람들은 모두 반대했다. 하지만 내 인생의 선택은 오로지 내 몫이었다. 나는 나를 믿었다.

삼성을 그만두는 것과 동시에 인생의 가장 큰 선택 중 하나를 했다. 스물다섯 살, 세상 물정을 하나도 모르는 나이에 보험 영업에 뛰어든 것이다. 세상 물정뿐 아니라 보험도 잘 몰랐다. 그저 내가 열심히 하는 만큼 대가를 받을 수 있다는 점에 끌렸다. 사실 이때는 보험사가 재무설계 회사인 줄 알았다. 심지어 우리나라 사람들이 보험에 대해 그렇게 안 좋은 선입견을 갖고 있는지도 몰랐다. 몰라서 용감했고, 용감해서 내린 결정이었다.

사회생활도 인생 경험도 많지 않은 내게 보험 영업은 결코 쉬운 싸움이 아니었다. 매일 서너 시간만 자고, 하루에 무조건 5명의 고객을 만나려고 노력했다. 그렇게 일에 미쳐서 지냈더니 결국 첫해에 루키 챔피언이 되었고, 시간이 지나면서 회사에서 내거는 모든 타이틀을 거머쥘 수 있었다.

그러나, 그곳에서도 할아버지가 움직이는 운명의 컵은 멈추지 않았다. 또 한 번 인생의 방향을 바꾸는 선택의 기로에 서게 된 것이다.

한번은 VIP 고객에게 소개받은 산모 다섯 분을 단체로 상담하게 되었다. 나는 같은 보장에 비교적 가격 조건이 좋은 모 화재의 상품을 추천해 드렸다. 아니, 그럴 수밖에 없었다. 그 회사 상품만 판매할 수 있었으니까. 하지만 그분들은 설명을 다 들으시고는 다른 회사의 상품을 찾으셨다.

단체로 상담을 할 때 누군가 한 명이 뭔가를 결정하면 나머지 고객들도 그 선택에 우르르 따르는 경우가 많다. 그게 내가 권하는 상품일 때는 상관이 없지만, 그렇지 않을 때는 대책이 없다. 이런 상황에선 논리나 팩트가 아무런 소용이 없기 때문이다. 고객들은 이미 마음속으로 다른 상품을 선택했고, 결국 계약 건을 다 놓쳐 버렸다.

때마침 나는 그 무렵 다양한 외부 교육을 받으면서 우리 회사만이 전부가 아니라는 사실에 점차 눈을 뜨고 있었다. 그러다 이런 경험을 하게 되니 고민이 깊어졌다.

'내가 보험을 계속하려면… 그리고 오래 하려면…'

최전선의 군인에게 더 많은 무기가 필요하듯, 영업 일선에 선 나에게도 더 다양한 상품이 필요했다. 짧지 않은 고민 끝에 나를 챔피언이자 스타로 만들어 준 고향 같은 전속사를 떠나 GA행을 선택했다.

내 결심을 전해 들은 주변 사람들은 깜짝 놀라는 눈치였다. 한솥밥을 먹고 있던 매니저와 지점장님들, 선후배 동기들이 특히 더 그랬다. 그리고 한결같이 말리기 시작했다. 마치 삼성을 그만두기로 결심했을 때 주변 사람들이 그랬던 것처럼. 이번에는 이유가 좀 더 구체적이었다.

"그동안 쌓아 놓았던 실적은 어떻게 할래?"

"너랑 우리 회사를 믿고 상품에 가입했던 고객들은 어쩌려고?"

그러면서 GA의 수많은 약점과 허술한 시스템에 대해 이야기하기 시작했다. 내가 미처 생각하지 못한 부분까지, GA의 단점이란 단점은 그때 다 들었던 것 같다. 물론 GA라는 미지의 세계에 뛰어드는 나를 걱정하는 마음들이었던 것을 너무나 잘 안다. 하지만 그 마음만 고맙게 받고, 내 선택은 바꾸지 않았다. 선후배님들의 말씀처럼 그간 쌓은 실적들, 그리고 나를 믿고 가입한 고객들이 걱정되지 않았던 것이 아니다. 오히려 너무나 걱정이 되어 밤에 잠을 못 이룰 지경이었다. 내 결정이 실패로 끝날 수 있다는 사실도 잘 알고 있었다.

그럼에도 나는 GA라는 정글로 뛰어들었고, 수많은 악조건에 맞서 싸웠고, 결국 지금까지 나름의 성공을 이어 가고 있다. GA에 입사하고 나서 8개월 만에 지점장이 되었고, 다시 6개월 만에 최연소 본부장이 되었다. 4명으로 시작했던 조직은 3년 만에 300명을 넘기면서 지금까지 성장하고 있다. 이런 성공은 내가 특별히 뛰어난 사람이어서 이룬 것이 아니다. 당연히 어려움도 많았고, 잠 못 이루는 시간 또한 많았다. 하지만 나는 현장에서 체득한 영업의 원칙들을 지켰고, 덕분에 성공의 노하우를 쌓아 갈 수 있었다.

이러한 원칙과 노하우를 예전의 나처럼 선택의 기로에 놓인 분들과 나누고 싶다. 직접 부딪쳐 배우게 된 것을 주변 사람들과 나누어야 한다는 '나눔의 문화'는 처음 보험 영업을 시작했던 회사에서 배운 것이다. 그 회사는 훌륭한 교육 시스템과 문화를 통해 내게 영업을 대하는 태도와 삶을 살아가는 자세를 가르쳐 주었다.

이 책을 통해 나의 모든 노하우를 남김없이 다 가져가시기를 바란다. 통째로 가져다가 쓰셔도 좋고, 응용해서 더 좋은 방향으로 발전시킨다면 더할 나위 없겠다. 나는 몇 년 동안 맨땅에 헤딩하며 시행착오를 겪었지만, 여러분은 조금 더 평탄한 길 위에서 성공에 도전할 수 있으면 좋겠다.

GA를 향한 고민의 지점에 서 계신 모든 영업인들께,
굿 럭!

PART 01

우리 삶에 퍼펙트 골드* 란 없다

---

* 양궁 과녁 정중앙의 지름 1cm 지점. 보통 이곳에 방송용 카메라를 설치하는데, 화살이 카메라 렌즈에 명중했을 때 '퍼펙트 골드'라고 부른다.

나의 짧은 영업 인생

여기 양궁을 하는 두 사람이 있다. 한 사람은 고민에 고민을 거듭하며 활쏘기를 망설인다. 그렇게 땀을 삐질삐질 흘리면서 겨우 5분에 한 발을 쏜다. 다른 한 사람은 10초에 한 발씩 활시위를 당긴다. 쉼 없이 활에 화살을 메기고 과녁을 겨눈다. 직접 쏴 봐야 조준이 왼쪽으로 비껴간 건지, 위로 올라간 건지 알 수 있으므로 과녁에서 크게 벗어나더라도 활쏘기를 멈추지 않는다.

앞 사람의 경우 실패 횟수는 상대적으로 적을 것이다. 동시에 성공 횟수도 그만큼 줄어들 수밖에 없다. 뒤의 사람은 실패가 더 많을 것이다. 하지만 그럴수록 성공에 한 걸음씩 다가가게 된다. 쏘면 쏠수록 과녁의 중심으로 화살이 이동해 나가는 것이다. 과연 둘 중에 누가 성공하는 사람일까? 그렇다. 쉴 새 없이 활을 발사하는 사람이다.

나는 지금도 과녁을 바라보며 활시위를 당기고 있다. 오늘 또 한 번 활을 쏘면서 나만의 역사를 만들어 나가고 있다. **어제보다 나은 내가 되기 위해 멈추지 않고 성공이라는 과녁에 화살을 쏜다.** 우리 각자가 그처럼 매일매일 성장하는 모습으로 함께 만나고 일하기를 나는 바란다.

　앞에서 잠깐 언급했듯이 학창시절 내내 우리 식구는 기초수급 혜택을 받으며 살았다. 나와 동생은 부모님이 이혼한 후 시골에서 아버지와 함께 살게 되었는데, 아버지는 대형 화물차 운전을 하시는 터라 집에 일주일에 한 번 정도밖에 들어오지 못했다. 일주일 내내 전국을 다니다 일요일 오전이나 오후쯤 집에 들어오시면 월요일 새벽에 다시 나가셔야 했다. 아버지가 우리와 함께 있는 시간은 일요일 하루밖에 없었다.

　매일 끼니를 챙겨 줄 수가 없었던 아버지는 어린 아들들을 위해 꼭 김치찌개를 한 솥 끓여 놓고 나가셨다. 사실 찌개보다는 멀건 국에 더 가까웠다. 열 살도 안 되었던 나는 일주일 내내 김치찌개에 물을 붓고 다시 끓여 가며 유치원 다니는 동생과 함께 먹었다. 아버지의 마음은 고마웠지만 매일 밥에 김, 그리고 멀건 김칫국만 먹는 일은 고역이었다. 나는 원래 가리는 음식이 없지만 지금도 유독 김치찌개만은 좋아하지 않는다.

　먹는 것뿐 아니라 입는 옷도 문제였다. 아홉 살 꼬마였던 나는 계절에 맞춰 옷을 바꿔 입어야 한다는 사실도 몰랐다. 전날 입었던 옷을 입고 또 입다가 초여름인 6월까지도 한겨울 패딩을 입고 다니는 일도 있었다. 동네 아이들이 놀렸지만, 당시 나는 아이들이 왜 놀리는지도 몰랐다. 일주일에 딱 하루 집에 오시는 아버지는 먹을 것 챙겨 주시기도 바빴고, 아무것도 모르는 나는 동생 유치원 보내는 것만 해도 버거

웠던 탓이다.

열두 살 무렵부터는 어머니와 살게 되었는데 가정형편은 여전했다. 어느새 내 키가 180센티를 넘었지만, 여전히 어머니와 덩치 큰 아들 둘이 단칸방에서 살아야 했다. 당연히 이런 생각이 들지 않을 수 없었다.

'돈을 벌어야겠다, 나와 가족을 위해서!'

청소년 시절부터 치킨 배달, 막노동, 웨딩홀 서빙, 삼겹살집 솥뚜껑 닭이 등등 안 해 본 일이 없다. 돈 버는 일이라면 닥치는 대로 했다.

이렇게 독한 마음을 먹고 매일 아르바이트를 하면서도 다행히 대학에 들어갔다. 전공은 연극이었다. 과대표를 맡으면서 장학금을 받기도 했다. 그러던 중 휴학을 하고 군대에 갔다. 한번은 휴가를 나왔다가 우연히 친구들이 공연하는 모습을 보게 되었다. 그런데 맙소사, 친구들이 연기를 너무너무 잘했다! 나는 죽었다 깨나도 따라갈 수 없을 만큼.

이 분야에서는 도저히 톱클래스가 될 수 없겠다는 생각이 들었다. 이런 상황에서 대학을 계속 다니는 것이 맞는 일인지 가늠해 봤다. 아무리 생각해도 나에게 이건 사치일 수 있겠다는 생각이 들었다. 일단 판단이 서자, 주저하지 않고 또 다른 화살을 들어 과녁을 겨누었다. 대학을 그만두고 대기업 삼성의 고졸 공채에 도전하기로 한 것이다.

군대에 복귀해서 상병과 병장으로 있던 10개월 남짓 동안 TV를 딱 끊고 공부만 했다. 삼성에 들어가려면 수능과 비슷한 삼성직무적성검사(SSAT)를 치러야 하는데, 나는 그동안 이런 공부를 하나도 하지 않았으니 선택의 여지가 없었다. 전역을 하고 휴대폰 가게에서 한 달 정도 아르바이트를 하고 있는데, 드디어 삼성 고졸 공채 공고가 떴다.

'좋다, 기다리고 있었다!'

앞뒤 잴 것 없이 나는 시험을 보았고, 운까지 따라 주어 72:1의 경쟁률을 뚫고 드디어 삼성맨이 되었다.

집안 식구들이 기뻐서 난리가 났다. 나도 이제 안정된 대기업에서 월급 받으며 우리 식구를 먹여 살릴 수 있겠구나 하는 생각에 마음이 벅찼다. 그렇게 시작한 직장생활이었다. 아르바이트가 아닌 어엿한 정규직 직장인으로, 그것도 삼성이라는 대기업 직원으로서 가슴 펴고 사회에 발을 내딛게 된 것이다.

그때는 제대하고 얼마 안 되어 열정이 뜨거울 때였다. 돌도 씹어 먹을 정도의 혈기였다. 어려서부터 닥치는 대로 아르바이트하며 돈을 벌었던 근성까지 더해져 정말 열심히 일했다. 교대근무라 고정 연봉에 보너스까지 많으니 임금이 적지 않았다. 이제 갓 스물세 살 나이에 괜찮은 연봉, 훌륭한 복지까지. 세상이 장밋빛으로 보였다. 그렇게 1년 넘게 정신없이 일하며 보냈다.

그런데 시간이 지나면서 회사생활이 슬슬 답답해지기 시작했다. 든든한 울타리처럼 보였던 회사가 어느새 나의 성장을 가로막는 족쇄처럼 느껴졌다. 분명 내가 더 많은 일을 하는데 후배라서, 혹은 직급이 낮아서 일한 만큼 보상을 받지 못하는 데 따르는 불만이었다. 일을 많이 하든 적게 하든 상관없이 딱 정해진 만큼의 급여를 받아야 하는 '공평한 부당함'이랄까. 이런 '월급의 아이러니'가 자꾸 앞으로 나가려는 내 발목을 잡는 것만 같았다. 또한 열심히 일하지만 여전히 경제적으로 빡빡하게 살고 있는 선배들의 모습을 보니, 과연 이런 곳에 청춘을 바쳐야 할까 하는 의문이 들었다. 지금, 인생의 또 다른 화살을 쏘아야 하는 순간이 온 것은 아닐까?

자타가 공인하는 안정적인 일터였지만 매번 열정이 깎이는 것 같은 느낌에 내가 얼마나 더 버틸 수 있을지 자신이 없었다. 이 조직에 나의 미래를 맡겨도 되는지 의문이었다. 가족을 위해, 나의 성장을 위해 일한 만큼, 성과를 낸 만큼 보상을 받는 길을 찾고 싶었다. 즉시 주변 사람들에게 그런 곳이 없느냐고 묻고 다녔다. 어찌 보면 뜬금없는 내 질문에 사람들은 고맙게도 성의껏 대답을 해 주었다. 그중에서도 보험 영업을 권하는 조언이 귀에 쏙 들어왔다.

그때까지 내가 경험한 영업은 휴대폰 영업이 전부였다. 그렇다면? 지금부터 알아보고 부딪치면 된다! 당장 보험사 사이트란 사이트는 다 뒤지기 시작했다. 알아보는 것을 넘어서 실제 여러 보험회사들과 GA에 가서 면접까지 보았다. 그러던 중 바로 집 앞에 보험사 I사 사무실이 있는 것을 발견했다. 등잔 밑이 어둡다고, 그렇게 수많은 보험사들을 찾아다녔는데 동네에 있는 보험 회사를 못 보고 지나치다니. 안 가 볼 이유가 없었다.

　바로 I사의 팀장님과 미팅 약속을 잡고 이야기를 나눴다. 그런데 내 눈에 들어왔던 건 다른 무엇보다 팀장님의 크고 근사한 외제차였다. 팀장님의 말씀보다는 '**나도 열심히 일하면 저 차를 타고 다닐 수 있겠지**' 하는 생각에 주저 없이 보험 영업의 세계에 발을 내디뎠다. 스물다섯 살, 인생의 커다란 전환점 앞에서 어이없게 남의 외제차를 보고 결정을 내리다니, 철없게 느껴질지도 모른다. 하지만 나는 인생의 성공을 향해 기꺼이 또 한 발의 화살을 날리기로 했다. 이번 화살이 인생이란 과녁의 퍼펙트 골드를 꿰뚫을지는 알 수 없지만, 적어도 다음 화살을 과녁에 더 가깝게 가도록 할 거라는 확신이 있었다.

첫 계약의 추억

처음으로 보험 영업에 뛰어들었을 때는 정말 세상 물정을 하나도 몰랐다. 보험사가 그저 재무설계를 해 주는 회사인 줄로만 알고 입사했으니 말이다. 물론 그때는 재무설계가 무엇인지도 정확히 알지 못했다.

그뿐인가, 보험에 대한 안 좋은 선입견이 이렇게 많은지도 몰랐다. "보험 영업을 하는 사람들은 간, 쓸개 다 빼 줄 듯하면서 어떻게든 계약만 해 놓고는 그 뒤로 나 몰라라 한다"고 수군거리는 이야기를 입사한 뒤에야, 당연히 수도 없이 들었다.

몰랐기 때문에 들어간 보험사였다. 그래서 더 용감할 수 있었다. 그저 나는 다른 이들보다 효율적으로 저축하는 방법, 더 좋은 보험을 선택하는 방법을 잘 알고 있으니, 이 좋은 정보들을 하루라도 빨리 남들에게 알려 주어야겠다는 생각만 간절했다. 거리낄 이유도 주저할 시간도 없었다.

2013년 1~2월 내내 교육을 받고 드디어 3월 첫 주가 되었다. 여전히 추위가 가시지 않은 초봄에 영업의 첫 테이프를 멋지게 끊었…으면 좋았겠지만 생각처럼 쉽지 않았다.

처음 보험 영업을 시작하는 이들이 대부분 그렇듯, 내 생애 첫 상담 고객은 삼성 다닐 때 알던 친구였다. 가장 부담이 덜 되고 편안한 상대, 그리고 나에게 열려 있는 사람이 바로 친구이니 말이다. 내 연락을 받은 친구가 기꺼이 사무실로 와 주었다. 그래도 얼마나 떨리던지….

상담을 제대로 하는 방법은 모르는데, 교육 기간 동안 좋다는 것은 다 배워서 지식은 머릿속에 꽉 차 있는 상태였다. 심지어 초짜 티를 내면 안 된다는 생각에 듣는 사람도 머리 복잡할 전문 용어까지 일부러 연습해 두었다. 물론 입에도 잘 붙지 않은, 익숙지 않은 단어들이었다.

나는 원래 재능이 뛰어나기보다는 성실한 노력파다. 게다가 처음 하는 상담이니 사전 준비에 더욱 공을 들였다. 퇴근하고 나서 가족들을 붙들고 모의 상담하는 모습을 찍은 동영상만 모아 보니 무려 200시간이 넘었다. 보통 보험 상담은 한 시간 정도 걸린다. 익숙해지면 상황에 맞춰 상담 시간을 조절할 수 있게 된다. 하지만 그날, 완전 햇병아리였던 나는 무려 세 시간 동안 상담을 계속했다.

첫 계약? 당연히 실패했다!

고객과 말할 때는 쉽고 간결하게, 유치원생에게 말하듯 하라는 이야기가 있다. 그러나 경험도 상담 스킬도 없었던 나는 일방적으로 강의하듯 아는 것만 나열해 버렸다. 세 시간 동안이나 떠들어 댄 나도 힘들었지만 첫 상담 고객이었던 친구도 진이 빠져 버렸다.

　그 뒤로도 이런 실책은 계속됐다. 열과 성을 담은 기나긴 상담을 하면서 계약 쪽으로 몰고 가 클로징을 하기는커녕, "나중에 네가 연락 줘" 하는 식으로 맥없이 마무리하기 일쑤였다. 그때는 클로징이 고객들에게 부담을 주는 건 아닌가 하는 걱정이 컸다. 그러면서 고객에게 연락할 권리를 주는 것이 오히려 내가 여유롭다는 걸 과시해서 계약에 이르게 하는 방법이라 생각했다. 물론 이렇게 상담을 하면 절대로 연락이 다시 올 리 없다는 사실을 지금은 아주 잘 알고 있다. 이런 실수는 영업을 처음 시작한 사람들이 으레 거치는 과정이기도 하다.

　첫 주 차, 영업 현황판 속 내 동기들 이름 위로 그래프가 쭉쭉 올라가기 시작했다. 나보다 공부도 덜하고 상담도 부족한 것 같은 이들도 사무실을 나갔다가 들어오면 현황판에 자석을 붙였다. 그럴수록 나는 초조해져 갔다.

　결국 영업 첫 주를 마쳤는데 계약을 하나도 못 한 사람이 나밖에 없었다. 이래서는 정말 안 되겠구나 싶었다. 이제는 아예 A4 용지에다가 나만 알아볼 수 있도록 내가 말할 모든 순서를 차례대로 적어 놓고 상담을 했다. 그렇게 2주, 3주, 4주가 지나면서 슬슬 감을 잡아 나가기 시작했다.

　위기 때 사람의 진가가 나타난다고 했던가. 누구는 어려운 상황이 닥치면 금방 포기하지만 다른 누군가는 어떻게든 조그만 실마리라도 붙잡고 결국 문제를 풀어낸다. 나는 전에 다녔던 회사로 달려가 우선 동기들, 그리고 함께 일했던 직장 선배들을 만났다. 찬밥 더운밥 가릴 처지가 아니었다.

예전에 내가 그랬듯이 이전 직장 동기들은 보험에 대해 별 관심이 없었다. 다행히 내가 남긴 인상이 나쁘지 않아 상담을 꺼리지는 않았다. 더구나 관심이 없는 만큼 보험에 대한 거부감 또한 없어서 나름 상담을 수월하게 진행할 수 있었다. 나 또한 좋은 정보를 알린다는 확신이 있던 터라 거침이 없었다. 로봇처럼 자동적으로 연락했고 어디든 출동했다. 충분히 연습하면서 사람들을 만나다 보니 어디쯤에서 클로징을 해야 할지 감을 잡아 나가는 속도도 빨라지기 시작했다.

매일 서너 시간만 자면서 일을 했다. 무슨 수를 써서든지 하루에 꼭 다섯 명 이상을 만났다. 미팅이 끝났다고 일이 끝난 건 아니었다. 사무실로 돌아가 다음 날 일정을 체크하고, 만날 고객들의 정보를 리뷰했다. 미팅 때 필요한 자료는 깨끗이 출력해서 파일에 넣어 두었다. 그렇게 미팅 준비를 빠짐없이 해 놓고 나서야 사무실을 나설 수 있었다. 새벽에 집을 나와 자정이 넘어서야 들어가는 날이 이어졌다. 보험 영업인으로서 그토록 불안하고 치열했던 첫 달, 절실했던 내 마음이 집으로 향하는 발걸음을 자꾸만 늦추었던 것이다.

영업 첫 주 내내 계약 한 건 성사시키지 못한 채 초조하게 보냈던 나는, 영업 첫 달 총실적 56건에 월납 보험료 880만 원이라는 실적을 일구어 냈다. 이 숫자는 평생토록 잊지 못할 것이다.

첫 달이 지난 뒤 나는 영업 초기에 왜 그처럼 헤맸는지 바둑처럼 한 수 한 수 복기해 보았다. 나의 표정과 대사 그리고 상대방의 반응까지, 최대한 머릿속에서 당시 상황을 재현하려고 애썼다. 돌아보니 내가 괜히 지인에게 부담을 주는 건 아닐까 하는 두려움에 두루뭉술하게 클로징을 한 것이 결정적인 패인이었다.

　문제를 알았으니 해결책을 찾아야 했다. 나는 클로징에 대한 마음부터 바꾸어 먹었다. 우선 나부터 내가 판매하는 보험 상품에 대해 확신을 갖도록 노력했다. 그렇게 내 마음속에서 확신이 생기고 나니 클로징 멘트가 달라졌다. 내가 품고 있는 확신이 음성과 눈빛에 담겨 고객에게 전달된 것이다.

　나는 지금도 클로징의 중요성은 아무리 강조해도 부족하다고 생각한다. 클로징은 상담의 결론이자 하이라이트다. 나의 클로징이 어떤가에 따라 계약을 딸 수도, 허탕을 칠 수도 있다. 확신에 찬 마무리가 프레젠테이션의 설득력을 결정하고 마음을 담은 애프터 신청이 소개팅의 성공을 결정짓는 것과 마찬가지다.

　그렇다면 클로징의 결정력은 어디서 나오는가? 바로 자신감이다. 스스로 자기 자신이 설득하고자 하는 것, 이루고자 하는 것에 대해 확신을 가지고 있어야 한다. 이러한 확신을 클로징 멘트에 담아야 한다. 그것도 강하고 확실하게. 고객에게 핸들을 맡기지 말고 내가 주도적으로 이끌어야 한다. 고객에게 판단을 맡기는 것은 고객을 배려하는 일도 아니다. 그것은 상담자인 나와 내가 추천한 상품에 대한 신뢰도를 떨어뜨리는 최악의 자충수일 뿐이다. 보험 상품의 최고 전문가는 고객이 아니라 나다. 그러니 이렇게 말할 수 있어야 한다.

"지금 가입하시는 이 보험이 현재 시점에서 가입할 수 있는 모든 상품 중에 최고의 플랜입니다. 이 플랜으로 꼭 가입하셔야 합니다. 그래야 고객님께서 최고의 보장을 받으실 수 있습니다!"

우리가 고객에게 드릴 것은 오로지 최고의 보험 플랜이다. 이런 목표와 설계로 확신을 가지고 강하게 클로징하라!

맨땅에 헤딩도 스마트하게

영업 첫 달에 올린 56건의 계약 실적. 그 수당으로 무려 3,200만 원을 받았다. 살면서 내 통장에 찍힌 가장 큰 액수의 돈이었다. 전 직장에서는 일 년 내내 힘들게 일하고 교대근무 수당까지 전부 다 합쳐서 연봉 3,800만 원을 받았다. 아무리 열심히 했다지만 겨우 한 달 동안 일하고 나서 받은 월급이 일 년 치 연봉에 가깝다니! 내 인생에 가장 환한 조명이 나를 비추는 듯했다. 그리고 그 빛 가운데 굳건히 서 있기만 한다면 내 인생에서 결코 밝은 희망이 꺼지지 않으리라는 확신이 생겼다. 마치 신앙인의 굳건한 믿음과 같았다.

나는 보험 영업이라는 직업에 대해, 지금껏 다른 일을 하면서 전혀 느껴 보지 못했던 강력한 확신을 품지 않을 수 없었다. 이런 일이 그저 무지개 너머 세상의 일이 아니라는 사실을 첫 달에 내 눈으로 확인을 했으니 말이다. 그랬다. 첫 한 달간의 보험 영업 경험은 나에게 기적의 현실화이자 미래의 담보물 같은 것이었다.

나는 예전 회사에 들어가기 전 넉넉하지 않은 집안 사정 때문에 1,600만 원의 빚이 있었다. 첫 직장생활을 하면서 열심히 노력했지만

15개월 동안 딱 800만 원을 갚을 수 있었다. 월급을 받아서 생활비를 쓰고 빚까지 쪼개어 갚으려니 쉽지 않았던 것이다.

그런데 보험 영업을 시작하고 한 달 만에 남은 빚 800만 원을 한꺼번에 갚아 버렸다. 늘 마음을 무겁게 했던 큰돈이었는데, 딱 한 달 동안 일해서 깨끗이 정리한 것이다. 정말 너무나 행복하면서도, 겨우 이것 때문에 그리도 마음고생을 했나 싶어 허탈하기도 하고…. 뭐라 콕 짚어 설명하기 힘든 복합적인 감정이 밀려왔다.

이렇게 강렬했던 첫 수당의 기억은 지금까지도 힘들 때마다 나를 잡아 주는 든든한 버팀목이 되어 주었다. 바닥 모를 슬럼프에 빠져 모든 것을 놓아 버리고 싶었을 때도 첫 수당의 기억을 붙들고 다시 시작할 수 있었다.

나는 신입 직원들이 들어오면 첫 달만큼은 정말 미친 듯이 일해 보라고 신신당부한다. 사실 처음 한 달은 누구나 지인 영업 등을 통해 다른 달보다 더 많은 실적을 올릴 수 있다. 그래서인지 어떤 이들은 첫 달에 올릴 수 있는 실적을 다음 달로 넘겨서 페이스 조절(?)을 하기도 한다. 하지만 이건 아주 좋지 않은 선택이다. 자기 스스로 한계를 정해 버린 셈이기 때문이다. 이렇게 천장의 높이를 정해 놓으면 자기도 모르는 사이에 그 아래서만 움직이게 된다. 그러니 <u>첫 달은 무조건 인생의 기네스를 세우리라 결심하고 끝까지 전력 질주해야 한다. 이전에 받았던 월급의 다섯 배, 열 배를 받는 짜릿한 경험을 해 봐야 평생 이 일을 붙들고 갈 수 있기 때문이다.</u>

내 인생의 기네스를 세웠던 꿈같은 첫 달을 보내고 두 번째 달을 맞았다. 두 번째 수당으로 670만 원을 받았다. 덜컥 겁이 났다. 보통의 직장인이라면 결코 적은 금액이 아니겠지만, 이미 나의 기준은 3,000만 원 이상으로 높아진 탓이었다. 절벽에서 추락한 것 같은 느낌이 들었다. 두려웠다. 첫 달에 상담 가능한 지인은 모두 만난 셈이었으니, 앞으로 그런 기록을 다시 이룰 수 없을 것도 같았다.

그래도 여기에서 그냥 주저앉을 수는 없었다. 고민하는 대신 몸을 움직였다. 나의 가장 큰 장점인 실행력이 발동한 것이다. 그길로 보험 전단지 뭉치를 들고 삼성 디스플레이 쪽으로 향했다. 전 직장인 삼성 에스원 소속으로 파견 근무했던 곳이다. 이곳의 교대 근무 시스템을 잘 알고 있으니 공략하기도 쉬웠다. 출퇴근 시간에 맞춰 버스 정류장 앞에서 우르르 떼를 지어 오가는 직원들에게 전단지를 돌렸다.

새벽 4시 30분과 5시에 출근하는 새벽조를 시작으로, 6시에 퇴근하는 야간 근무자들, 다시 8시까지 출근하는 오피스 근무자들까지 전단지를 돌리고 나서야 보험사 사무실로 향했다. 오후에도 다시 예전 직장으로 돌아가 전단지를 돌렸다. 그렇게 하루에 7~8번은 그곳의 버스 정류장을 지켰다. 잔뜩 기대를 하고 한 달이 넘도록 날마다 미친 듯이 전단지를 돌렸지만 그렇게 해서 나온 계약은 달랑 2건뿐. 한 달 동안 들인 노력에 비하면 너무나 실망스러운 기록이었다.

그렇다면 방법을 바꾸기로 했다. 이번에는 전단지에 손편지를 더했다. 모르는 분들께 나의 손편지 세레나데(?)를 띄우기로 했다. 이번에도 전 직장을 타깃으로 삼았다. 그곳의 기숙사 동 이름과 호수를 다 알고 있으니 가능한 일이었다. 예를 들어 '민들레동 102호 임직원님께' 하는 식으로 라벨지에 프린트해서 봉투에 붙였다. 그렇게 온 기숙사에 천 통의 손편지를 보냈다.

물론 손편지 천 통이라고 해서 내가 그 천 장의 편지를 일일이 손으로 쓴 것은 아니다. A4 크기의 한지에 붓펜으로 정성껏 글씨를 써서 천 부를 복사한 것이다. 복사용지까지 한지를 사용하니 진짜 한 자 한 자 손으로 쓴 것처럼 보였다. 결과는? 무려 14명의 계약 성공! 몇 만장의 전단지를 뿌려서 겨우 2건의 계약을 한 것에 비하면 너무도 훌륭한 결과였다. 거기다 시간까지 절약했으니 금상첨화였다. 안도의 한숨과 함께 "아, 드디어 살길을 찾았구나!" 하는 혼잣말이 절로 나왔다.

이제부터는 '손편지 전술'에 온 병력(!)을 다 투입하기로 했다. 엄마, 동생, 친척 누나, 친구에 아르바이트생까지 사무실에 바글바글 모였다. 컨베이어 벨트 위에서 전자 제품이 뚝딱 조립해 나오듯 동생은 한지에 편지 복사, 엄마는 접기, 누나는 봉투에 넣기, 누구는 봉투 붙이기 등등 프로세스에 따라 척척 움직였다. 그렇게 한 달에 2천 통, 4개월 동안 총 9천여 통의 손편지를 보냈다.

우푯값만 300만 원이 넘었고, 종이와 라벨지, 인건비 등을 더하니 600~700만 원을 가뿐히 넘겼다. 나로서는 지렛대 효과를 노린 과감한 투자였다. 결과는 대성공이었다. 9천여 통의 손편지를 통해 총

138건의 계약이 나왔다. 월평균 30건 이상씩 실적을 올렸고, 삼성에서만 백 명 이상의 고객이 생긴 것이다. 더구나 그 고객분들로부터 지인 소개까지 받은 덕분에 나의 영업은 안정권에 접어들 수 있었다. 좋아, 이대로 천 명까지 쭈~욱 달리는 거야!

하지만 세상은 내 뜻대로만 움직이진 않았다. 삼성 기숙사는 관리사무소에서 일괄적으로 우편물을 받고, 각 동의 동장들이 그것들을 분류해 직접 우편함에 넣는 방식이다. 내가 한 달에 2~3천 통씩 손편지를 보내니 몇 박스가 관리사무실에 쌓이는 일이 벌어졌다. 결국 삼성 측에서 손편지 전달을 막고 나섰다. 800여 통이 우르르 반송됐다.

맙소사, 사무실로 돌아온 손편지 박스들이 내 키보다 높게 쌓였다. 그렇다고 여기에서 포기할 수 없었다. 나의 손편지가 우체국을 통해 잠재 고객들에게 닿지 못한다면 다른 경로를 뚫어야 했다. 궁하면 통한다고 했던가. 고민 끝에 다른 길을 찾아냈다. 삼성 기숙사 주변의 모든 불닭집, 치킨집, 족발집들을 찾아가서 각각 월 40만 원씩을 드리고 배달음식 안에 손편지를 넣기로 계약을 맺은 것이다. 고객을 향한 손편지는 그렇게 야식과 함께 전달되었고, 삼성 기숙사에서만 800명 가까운 고객들과 인연을 맺을 수 있었다.

보험 영업에서 맨땅에 헤딩은 필수다. 대신 스마트하게 해야 한다. 그냥 막무가내로 땅에 머리를 박는 것이 아니라, 머리를 갖다 댈

자리를 잘 보고, 중간중간 제대로 되고 있는지도 확인해야 한다. 별 성과 없이 머리에 피가 흐르는데 무조건 "돌격 앞으로!"를 외치는 것만큼 미련한 짓은 없다.

처음 전단지를 돌리고 한 달 만에 겨우 두 건의 계약이 나왔을 때, 언젠가는 좋아지겠지 하면서 계속 밀어붙였다면 어떻게 되었을까? 돈과 시간, 체력만 축내고 마음까지 상했을 것이다. 맨땅에 헤딩 한 달 만에 중간 점검을 하고 방향을 바꾼 것이 새로운 돌파구가 되었다. 예상치 못한 반송 폭탄을 맞았을 때 '기숙사 주변 음식점'이란 대안을 생각해 낸 것도 신의 한 수였다. 물론 이 모든 성과는 나 혼자 잘해서 이룬 것이 아니다. 맨머리로 헤딩하는 바닥에 푹신한 쿠션이 되어 주셨던 고객님들, 생판 모르는 설계사가 와서 상담을 한다고 해도 열린 마음으로 받아 주셨던 고객님들이 계셨기에 가능한 일이었다.

'루키 챔피언'이 되다

처음 보험 회사에 발을 디딘 후 시간이 어떻게 갔는지도 모르게 정신없이 일했다. 삶에 절박한 이유가 있다면 누구도 그 사람을 못 말린다. 나는 너무나 돈이 벌고 싶었다. 아니, 나와 가족을 위해 더 많은 돈을 벌어야 했다. 일하는 만큼 벌 수 있다는 사실이 나를 뛰게 만들었다. 나는 한계를 두지 않고 일했고, 회사 또한 그에 화답하듯 일한 만큼 보상을 해 주었다. 그러던 중 우리 가족에게도 변화가 생겼다. 아주 중요한 변화가.

입사 다음 해. 회사에서 한여름 영업을 독려하기 위해 마련한 시책 여행을 다녀오는 길이었다. 집에 오니 친척 누나가 와 있었다. 그런데 여행 가방을 집에 들여놓자마자 누나는 인사 대신 내 뺨을 때리는 것이 아닌가. 그것도 '철썩' 소리가 날 정도로 세게 말이다.

"누나, 뭐 하는 거야? 왜 때려?"

"주원아, 지금 아파? 그럼 됐어. 이거 꿈 아닌 거야!"

순간 더욱 어리둥절했다. 내 뺨을 때려 가며 꿈인지 생시인지 분간을 해야 할 만큼 큰일이라도 생긴 것일까? 누나는 더욱 흥분해서 내게 소리치듯 말했다.

"너희 부모님! 이제 다시 합치신대!"

나와 친한 친척 누나는 꿈에도 그리던 내 소원이 무엇인지 잘 알고 있었다. 그건 '엄마, 아빠와 함께 사는 것'이었다. 어릴 때 부모님이 이혼한 뒤로 이 소원은 한결같았다. 하지만 시간이 흐르면서 나에게 가족은 빛바랜 흑백사진처럼 희미해졌다. 아버지가 모는 큰 화물차에 온 가족이 함께 타고 바닷가에 가서 텐트 치고 놀았던 추억만 떠올리면 여전히 가슴이 뻐근했지만, 스무 살이 넘으면서 다시 온전한 가족을 이루리란 기대는 점점 희미해졌다. 그렇게 17년의 세월이 흐른 뒤에 두 분이 다시 합친다는 이야기를 듣다니, 뺨을 맞지 않았다면 꿈이라고 생각할 만큼 예상 못 한 일이었다.

그런데 자세한 이야기를 들어 보니 이것 또한 보험 영업이 다시 맺어 준 인연이었다. 회사의 시책 여행에는 가족과 함께하는 이벤트가 많은데, 부모님이 갈라선 나한테는 그림의 떡이었다. 그것이 못내 아쉬워 친척 누나에게 한숨지으며 이야기했더니, 누나가 우리 부모님께 내 말을 전했다는 것이다. 이야기를 들은 부모님은 자식들을 위해 희생하는 마음으로 다시 합치자는 결심을 하셨다. 정말 뺨이라도 꼬집고 싶을 만큼 믿기지 않게 감사한 일! 부모님의 재결합 결정은 나를 위한 가장 큰 선물이 되었다.

그로부터 얼마 뒤, 회사에서는 지난 1년의 실적을 기준으로 '컨벤션'이라는 이름의 해외 여행 기회를 주었다. 2014년 4월, 나는 드디어 부모님과 동생, 이렇게 온 가족과 함께 코타키나발루로 여행을 떠났다. 어려서 함께 갔던 바닷가 여행 이후 처음이었다. 오로지 우리 가족만을 위한 독채 풀빌라에 묵으면서 꿈같은 시간을 보냈다.

그렇게 17년 넘는 세월이 지나 함께 자리해 주신 부모님 앞에서 나는 시상식 무대에 올라 상을 받았다. 영업 인생 첫해 단 한 번만 받을 기회가 주어지는 루키 챔피언이었다.

보험사에 입사한 후 나의 삶은 완전히 달라졌다. 나의 미래 또한 주어진 대로 가는 것이 아니라, 스스로 만들어 가는 것이 되었다. 영업도 이제는 맨땅에 헤딩이 아니라 마음먹은 대로 드리블할 수 있는 수준이 되었다. 가족 또한 힘이 되니 열심히 뛸 이유도 충분했다. 그 결과 다음 해에도 회사 내에서 받을 수 있는 상이란 상은 모두 휩쓸었다. 지점 내 업적 챔피언 자리에는 마치 붙박이처럼 내 이름과 사진이 붙어 있었다. 루키 챔피언에 이어 '사내 최연소 라이언'이라는 영광도 이어 갔다. 각종 시책 여행을 가느라 여행 가방을 싸기 바빴다.

하지만 세상일이란 내 뜻대로만 되는 건 아니었다. 어느 순간, 나도 모르는 사이에 슬럼프라는 불청객이 찾아왔다. 내가 잠시 사람이라는 걸 잊고 살았나 보다. 나는 영업하는 알파고가 아니었던 것이다.

오르막과 내리막, 그 쓸쓸함에 대하여

　늘 부족하게 살았던 어린 시절 기억을 넘어서, 어떻게든 여유 있게 살아 보겠다는 목표로 시작한 일이었다. 그렇게 2년 동안 쉬지 않고 달려오니 어느새 내 양복 옷깃에는 황금색 라이언 배지가 꽂혀 있었다. 스물일곱 살, 사내 최연소 라이언이었다.
　지나온 시간을 되돌아보니 그 고생들이 다 아득하게만 느껴졌다. 다시 돌아가면 그렇게 일할 수 없을 것도 같았다. 정말 매일같이 오늘이 마지막 기회란 생각으로 순간순간 최선을 다했으니까. 덕분에 회사에서 내놓는 시책들을 모두 달성하고, 사내 최연소 라이언 타이틀까지 따게 되니 '아, 이제 다 끝냈구나' 하는 안도감이 들면서 맥이 탁 풀렸다. 마라톤 풀코스를 완주하고 마지막 결승선 테이프를 끊은 느낌이랄까.
　그러고 나니 도무지 다시 일어나 달릴 힘이 나지 않았다. 언제나 나를 일으켜 세우던 목표 의식도 사라졌다. 시간을 쪼개 약속을 잡고 동선을 최대한 줄여 가며 효율적으로 움직이는 것에 익숙했는데, 이제는 옴짝달싹하기조차 싫어진 것이다. 이런 상태가 지속되니 출근 시간이 미뤄졌다. 7시에서 10시로, 다시 12시로… 심지어 오후에 출근하는 날도 흔해졌다. 이렇게 4개월을 보냈는데도 신기하게 계약은 이어졌고 수당도 매월 1,500만 원 이상 나왔다. 마치 펀펀 놀면서도 전교 1등을 놓치지 않는 넘사벽 천재들처럼 말이다. 그러니 "출근 시간을 사수해야 한다"는 매니저들의 충고는 귀찮은 잔소리로 들릴 수밖에.

하지만 세상일이란 뿌린 대로 거두는 법. 하늘의 그물은 성긴 듯하지만 요행히 빠져나갈 수는 없었다. 하나둘 업무가 밀리고 크고 작은 일에 펑크를 내기 시작했다. 당연히 실적은 떨어졌고 수당도 천만 원 밑으로 내려갔다. 하긴, 제아무리 넘사벽 천재들도 이렇게 놀기만 해서는 성적이 제대로 나올 리 없을 것이다.

그래도 정신을 못 차리고 두 달을 더 보냈을 무렵, 통장에 수당 360만 원이 찍혔다. 영업을 해 본 사람이라면 누구나 알 것이다. 이 정도면 제대로 영업을 하기에도 모자란 돈이란 것을. 더구나 이미 소비 수준은 올라가 있지 않은가. 통장에 찍힌 숫자를 보는 순간 번쩍, 번개를 맞은 느낌이었다. 내가 만약 처자식까지 있었다면 어찌 되었을까 아찔했다.

어떻게 여기까지 올라왔는데, 이대로 추락할 수는 없었다. 다시 올라갈 수 있는 해법을 찾아야 했다. 슬럼프 기간 동안 내가 잊어버린 것은 무엇일까? 곰곰이 생각해 보니 두 가지였다. 하나는 '목표 의식'이었고, 다른 하나는 '메모의 습관'이었다. 보험 영업을 시작하면서 다

이어리 첫 장에 목표를 적고 그 뒤에는 할 일을 꼼꼼히 적어 놓았는데, 어느 순간부터 다이어리를 폼으로 들고만 다녔던 것이다.

다시 시작하는 마음으로 다이어리에 메모하기 시작했다. 5년 뒤 나의 목표를 적고, 그걸 이루기 위한 작은 목표들을 빼곡히 적었다. 출근 시간, TA와 고객 상담 건수, 단순 만남 건수 등 세밀한 목표를 세워 놓고 달성한 일에 하나씩 동그라미를 치면서 일하기 시작했다. 비교적 이루기 쉬운 작은 목표를 정해 놓고 하나씩 이루어 나가니 일에 재미가 붙었다. 물론 처음부터 완벽할 수는 없었다. 날마다 조금씩 더 나아지는 나를 스스로 격려하며 마음을 다잡았다.

이렇게 1년을 보내고 나니 어느새 슬럼프는 남의 이야기가 되었다. 오히려 추락도 겪고, 돌풍에 휩쓸려도 보니 시야가 좀 더 트이는 듯했다. 이런 경험은 관리자로 일하는 데 도움이 되었다. 어느 스포츠건 선수로 승승장구했던 사람보다는 부침을 겪은 이가 더 훌륭한 감독이 된다고 한다. 이런 감독은 슬럼프에 빠진 선수를 다독이면서 탈출에 실질적으로 도움이 되는 방향을 제시할 수 있기 때문이다. 반면 선수 생활 동안 한 번도 슬럼프를 겪어 보지 못한 감독은 그런 선수들을 이해할 수 없다. 이해조차 못하니 함께 해법을 찾아갈 수도 없는 것이다.

물론 훌륭한 관리자가 되기 위해서 반드시 슬럼프를 겪어야 한다는 말은 아니다. 사람이 꼭 경험을 해야만 배우는 건 아니니까. 당연히 승승장구한 선수 중에도 훌륭한 감독이 되는 경우가 있다. 다만 한번 슬럼프를 겪고 나니 면담 때 "아, 저 슬럼프인 것 같아요" 하는 설계사들의 심정을 충분히 공감할 수 있게 되었다. 영업 실적이 부진한 설계사와 상담을 하면서, 나는 "네가 언제 잘했다고 슬럼프 타령이야!" 같은 소리를 단 한 번도 해 본 적이 없다. 내 역할은 다그쳐서 더더욱 슬럼프의 개미지옥으로 몰아넣는 것이 아니라, 적절한 길을 보여 주고 빛을 밝혀 스스로 나올 수 있도록 도와주는 것임을 알기 때문이다.

챔피언인 내가 회사를 떠난 이유

　일을 시작하고 첫 2년간은 언제나 우리 회사 상품에 대한 확신이 있었다. 지금 내가 만나고 있는 고객에게 가장 좋은 상품은 바로 이것이라는 생각으로 최선을 다해 정보를 전했다. 이런 확신이 성공적인 영업의 밑거름이 되기도 했다. 그러다 회사 교육을 넘어 다양한 정보를 접하면서 생각에 변화가 생겼다. 고객들에게 더 좋은 정보를 전하기 위해 외부의 재무설계 강의들을 찾아다녔고, 그 과정에서 다른 회사 상품들도 자세히 알아볼 기회가 생긴 것이다. 외부 교육은 신선한 충격이었다. 덕분에 보험을 보는 시야가 트이면서 우리 회사 상품을 좀 더 객관적으로 바라볼 수 있게 되었다.

　그러던 어느 날, 소개받은 산모님들 다섯 분에게 태아 보험 상담을 하게 되었다. 내가 속한 전속사가 생명 보험을 주로 취급하다 보니, 태아 보험을 포함한 손해 보험은 아무래도 공부가 부족했다. 우리 회사의 태아 보험 상품을 열심히 설명하면서도 이게 과연 최선의 상품일까, 마음속으로 좀 걸리는 부분이 있었다. 이런 내 마음을 알아차린 것일까. 산모님들은 당시 맘카페 안에서 제일 유명한 다른 회사 상품에 대해 알고 싶어 하셨다. 하지만 그 상품을 팔 수 없었던 나는 대충 개략적으로 설명하면서 넘어갔고, 결국 영업에 실패했다.

이 일을 계기로 나는 심각한 고민에 빠져들었다. 내가 한 회사의 상품만 팔면서 평생 보험 영업을 할 수 있을까? 다른 회사 태아 보험을 더 궁금해한 산모님들뿐 아니라 나한테 상담을 받았지만 결국 다른 회사 상품을 선택했던 고객님들이 떠올랐다. 물론 한곳의 전속사에서 10년, 20년 꾸준히 롱런하는 설계사분들도 많다는 것을 잘 알고 있다. 하지만 더 오래, 더 성공적으로 일하기 위해서는 내 손에 쥔 무기가 더 다양해야 하지 않을까 하는 생각을 지울 수 없었다.

막상 이런 고민을 하게 되니 오히려 내가 몸담고 있는 전속사가 고맙다는 생각이 먼저 들었다. 이곳은 아무것도 모르는 나를 가르쳐서 챔피언으로 스타로 키워 준 곳이었다. 여기서 일하면서 갈라섰던 부모님이 다시 합쳤고, 가족들 앞에서 큰 상을 받는 뿌듯한 경험도 했다. 내가 새로 태어난 마음의 고향 같은 회사를 떠날 수도 있다고 생각하니 미안한 마음이 들었다.

회사보다 훨씬 더 나를 주저하게 만든 건 나를 믿고 우리 회사와 계약한 700여 명의 고객들이었다. 내가 떠나면 그분들을 더 이상 챙겨 드리기 힘들다고 생각하니 애인을 배신하는 것만 같아 마음이 아팠다. 회사에 있기만 해도 받을 수 있는 수당을 포기해야 하는 것도 마음에 걸렸다. 그렇게 고민이 깊어 갔지만 쉽게 결정을 내리지 못하는 시간이 흘러갔다.

이런저런 고민으로 잠 못 이루던 어느 새벽녘, 땀을 흠뻑 흘리면 머리가 좀 비워질까 싶어 자전거를 끌고 나왔다. 그렇게 힘껏 페달을 밟으면서도 머릿속은 꼬리를 무는 생각으로 복잡하게 꼬여만 갔다. 머리가 복잡해질수록 다리에 힘을 더 주면서 속력이 빨라졌다. 세찬 바람이 느껴졌지만 주변 풍경은 하나도 눈에 들어오지 않았다. 그렇게 땀범벅이 되고서야 자전거를 세웠다. 비로소 주위 모습이 눈에 들어왔는데, 우와, 아직 캄캄한 새벽인데도 하루를 시작한 분들이 너무나 많은 게 아닌가. 그 순간 머릿속에 한 가지 생각이 반짝 켜졌다.

'어디서 일하느냐가 아니라 어떻게 일하느냐가 더 중요하구나.'

이분들처럼 열심히 일한다면 전속사든 GA든 성공할 수 있겠다는 생각이 들었다. 그러자 순간 마음이 편해졌다. 그리고 평소 마음속에 품고 있던 말이 떠올랐다.

"도전의 결과는 성공이거나 실패가 아니다. 도전의 결과는 성공 아니면 배움이다. 실패는 도전하지 않는 자의 몫일 뿐이다."

롱런의 비전

나는 마침내 전속사를 떠나 GA로 일터를 옮기기로 결심했다. 이런 결정을 내리기까지 정말 많은 시간을 고민했다. 머릿속에서는 수많은 이직의 장점과 단점들이 뒤엉켰다. 그것들을 정리하기 위해 펜으로 썼다가 지우기를 여러 번. 나를 보고 웃으며 청약서에 사인을 해 주셨던 고객들, 나와 함께 힘차게 하이파이브를 했던 동료들의 모습이 머릿속에서 복잡하게 넘실댔다. 그렇게 마음을 정리하기까지 긴 시간이 걸렸다.

장고 끝에 일단 마음을 정하자, 평소처럼 부지런히 몸을 움직였다. 이직에 앞서 나는 모두 여덟 군데의 GA를 꼼꼼하게 알아보았다. '정착 지원금'이란 이름으로 기본급을 제안하는 곳도 있었지만 그보다는 영업적 시스템을 갖춘 곳, 길게 보고 일할 수 있는 곳을 찾았다.

고객들과 만남의 접점을 넓히는 건 기본적으로 설계사 개인의 역량이다. 나도 그렇게 생각했고 더 많은 고객들을 만날 기회를 만들고자 노력했다. 하지만 한편으로 아쉬움도 느꼈다. 지점이나 회사가 설계사들에게 고객과의 접점을 제공해 주면 더 좋지 않을까. 그런 시스템이 갖추어져 있으면 개별 설계사들은 본연의 임무인 고객들과의 상담에 더 많은 역량을 쏟을 수 있을 텐데.

운이 좋게도 나는 그런 시스템을 제공하는 GA 사무실을 만났다. 두 번 생각하지 않고 나의 보험 인생 2막을 이곳에서 시작하기로 마음먹었다. 챔피언, MDRT, 라이언 등등 지금까지 내가 받은 모든 타이틀을 벗어던지고 완전 초보에 진짜 신입이라는 마음가짐으로 보험 인생 2막의 커튼을 열었다.

일을 시작하고 얼마 되지 않아 나는 GA의 매력에 흠뻑 빠져들었다. GA 사무실은 보통 30여 개의 보험 전속사들과 제휴 계약을 맺고 운영된다. 당연히 고객들에게 권유할 상품이 엄청 다양했다. 수백 개의 신무기를 손에 넣은 병사의 마음이랄까. 이제는 어떤 적이 달려들어도 자신 있었다. 물론 공부할 것은 수십 배로 늘었다. 지금이야 보장 분석 프로그램이 좋아져서 일일이 회사 시스템으로 들어가 설계서를 뽑아 보지 않아도 된다. 하지만 맨 처음 GA에 들어갔을 때는 그렇게 일일이 작업을 해야 했다.

당연히 품이 많이 들었다. 그런데 이 공부는 하면 할수록 재미있었다. 같은 시기에 같은 조건으로 가입해도 보험마다 보장 범위와 보험료가 달라지는 것이 신기했다. 이제야 제대로 보험의 세계를 알게 된 것만 같았다. 이제는 정말 고객에게 딱 맞는 최선의 상품을 찾아낼 자신이 생겼다. 거기다 똑같은 상품을 팔아도 GA는 전속사보다 더 많은 수당을 챙길 수 있으니 금상첨화가 아니겠는가.

보험 공부 삼매경에 빠져 있는 나에게 이렇게 말하는 사람들도 있었다.

"도대체 서른 개 회사의 보험 상품을 언제 어떻게 다 비교하나요? 탁 까놓고 그냥 수당 많이 주는 것을 파는 게 낫지 않아요?"

물론 그래도 된다. 한두 해 반짝 돈을 벌고 이 바닥을 뜰 거라면. 하지만 그렇게 해서는 '롱런'이 불가능하다. 그러고 보면 보험업계에서는 '롱런'이란 말을 참 많이 쓴다. 여기서 '롱런'이란 그야말로 초긍정의 단어이자, 승리를 보장하는 말이기도 하다. 이것은 '끝까지 버티는 사람이 이기는 것'이라는 말과 일맥상통한다. 보험 상품을 비교, 분석, 연구하는 것은 롱런을 위한 든든한 무기다. 조금만 고생하면 이렇게 좋은 무기를 손에 넣을 수 있는데 뭐하러 잠깐 빛나고 사라지는 길을 택하겠는가.

<u>GA에서 활약하는 영업인들은 각 사 보험 상품의 장단점을 두루 꿰고 있기 때문에 한번 상담을 하면 클로징이 안 될 수가 없다. 이것은 나 스스로 확인한 사실이기도 하다.</u> 여기다 회사에서 영업 시스템을 갖추고 있다면 더할 나위가 없는 것이다.

많은 이들이 영업을 농사에 비유한다. 열심히 땅을 갈고(잠재 고객 발굴), 그 위에 씨를 뿌린 뒤(상담), 틈틈이 비료를 주면(서비스) 실적이라는 열매가 탐스럽게 열린다는 것이다. 맞는 말이다. 하지만 이 모든 작업을 개별 설계사가 텃밭 가꾸듯이 한다면 구시대 농법이다.

땅은 회사에서 트랙터로 착착 갈아 놓고, 설계사들은 필드에서

날렵하게 씨를 뿌리고 회사와 함께 물 뿌리고 비료를 주어야 한다. 이게 바로 최첨단 스마트 영농 기법이다. 이제는 영업도 이렇게 바뀌어야 한다. 고객의 텃밭을 설계사 혼자서 땀 흘리며 가꾸는 것이 아니라, 시스템 안에서 경영해야 한다는 말이다. 이렇게 회사와 설계사가 손을 잡고 탄탄하게 가꾼 필드에 '수십 개 회사 보험 상품 비교 분석'이라는 무기를 들고 가면 풍성한 결실을 맺을 수밖에 없다.

물론 전속사에서 GA로 옮기자마자 지상낙원이 펼쳐지는 건 아니다. 특히 첫 세 달 정도는 엄청난 혼돈에 빠지기 쉽다. 우선 보험 상품이나 시스템 등 새로 배워야 할 것이 너무나 많다. 겨우겨우 따라가다 보면 GA로 옮긴 게 과연 잘한 건지, 여기서 얼마나 일할 수 있을지 등등의 고민이 따라붙는다. 오히려 보험 영업을 GA에서 처음 시작한 신입들이 아예 백지 상태라 흡수도 빠르고 적응도 더 잘한다. 그러나 의심이 믿음으로 바뀌는 순간, 보험의 신세계가 펼쳐진다. 이런 신세계를 경험하고 나면 옮기기를 잘했다는 생각이 파도처럼 밀려온다. 나로 말하자면, 피치 못할 사정으로 보험업계를 떠나는 일은 있을지언정, GA보다 더 나은 시스템을 찾아 떠날 일은 없을 듯하다.

왜 미국에서는 전속사가 사라지고 있을까?

국내 톱3 안에 드는 GA의 본부장으로 조직을 관리하다 보니, 보험 선진국인 미국이나 유럽의 동향을 살피는 건 필수였다. 분명히 우리나라 보험 시장도 그들의 트렌드를 따라갈 것이기 때문이다. 그러면서 미국에서도 GA가 대세라는 사실을 확인할 수 있었다.

미국이나 영국의 경우 전속사는 보험 상품의 제조업체로, GA는 판매 채널로 분리되어 기능하는 중이다. 미국 생명보험마케팅연구협회(LIMRA)의 자료에 따르면 미국은 이미 2000년대 중반에 GA 소속 설계사 수가 전속사 소속 설계사 수를 추월했다.

보험업계의 특성상 채널 장악력은 소속 설계사 숫자와 연결된다. 즉 오프라인 보험 판매 시장은 설계사의 숫자가 곧 경쟁력이 될 수밖에 없는 것이다. 결국 사람의 힘이 조직의 힘으로 연결되면서 폭발적인 영업력을 보여 주게 된다.

1998년 11만여 명이었던 미국의 GA 소속 설계사는 2004년에 16만 명으로 크게 늘면서 생명보험사의 전속 설계사 수를 앞질렀다. 2010년대에 들어서는 미국 전체 보험 판매액에서 GA가 차지하는 비중이 70%를 넘어섰다. 미국 보험 시장에서는 왜 전속사의 판매 채널 비중이 낮아졌을까? 가장 큰 이유는 막대한 교육 비용 부담을 덜기 위해서, 아울러 다양한 판로를 구축하기 위해서라고 한다.

한 금융회사가 은행, 증권, 보험업을 겸해서 하는 '금융 겸업주의'를 채택하고 있는 영국의 경우도 GA와 같은 역할을 하는 '독립투자자문업자(IFA)'가 보험 상품 판매에서 차지하는 비중이 무려 80% 이상이라고 한다.

금융선진국인 미국과 영국의 보험시장에서 GA나 IFA가 이미 70~80%의 판매 비중을 차지하는 것이 현실이라면 우리나라 보험 시장의 미래는 어떨까. 이미 국내 보험 시장의 판매 채널 또한 선진국 구조를 따라가고 있다.

우리나라는 미국보다 12년 뒤인 2016년에 GA 소속 설계사가 전속 설계사보다 많아졌다. 2018년 현재 GA 소속 설계사는 전속사보다 5만여 명 정도 더 많으며, 보험 모집액 또한 GA의 채널 점유율이 50%를 넘어섰다. 같은 기간 동안 전속 설계사의 숫자와 채널 점유율은 지속적으로 감소하였다.

이처럼 GA가 폭발적으로 성장한 이유는 명확하다. 우선 상대적으로 높은 인센티브를 받을 수 있고, 보험 상품의 폭이 넓어서 고객들의 다양한 니즈를 맞출 수 있기 때문이다. 작은 가전제품 하나를 사더라도 양판점이나 오픈 마켓에서 다양한 상품을 꼼꼼히 비교해 보고 사는 것이 요즘의 트렌드다. 그러니 영업력을 갖춘 젊은 영업인이라면 고객과의 접점이 훨씬 더 넓은 GA에 끌릴 수밖에 없는 것이다. 기존의 전속사 소속 설계사들이 점차 고령화되고 있는 것도 이런 경향을 보여 준다. 이들의 연륜과 공헌은 분명 존경받아야 하지만 기존의 보험사 영업 모델이 지속 가능할 수 있을지는 의문이다. 점점 젊고 역동적으로 변하고 있는 보험업계의 트렌드를 우리는 그냥 지나칠 수 없는 것이다.

GA를 고민하는 분들께

이미 우리나라에서도 GA는 대세가 되었다. 실제로 전속 설계사 중에서 GA로의 이직을 고민하거나, 새로 보험업계에 발을 들여놓으면서 전속사보다 GA를 선호하는 분들이 많다. 앞서 살펴보았듯 높은 수당과 시책, 상품의 다양성 등의 강점 덕분이다.

하지만 GA를 고민하는 분들이 수당이나 시책보다 먼저 선택의 기준으로 삼아야 할 것이 있다. 바로 "사업의 주체가 나인가 회사인가?" 하는 질문이다. 사실 전속사나 GA나 보험 설계사들은 모두 개인 사업자다. 그래도 회사라는 울타리가 확실한 전속사에선 '직장인'처럼 생활해도 어느 정도까지는 성장이 가능하다. 반면 <u>**GA에서는 내가 사업의 주체가 되지 않으면 한 걸음도 앞으로 나아갈 수 없다.**</u>

특히 FC에서 팀장, 지점장, 본부장으로 직급이 올라갈수록 사업가 정신을 발휘해 투자를 아끼지 말아야 한다. 전속사라면 회사에서 해 주는 신입 사원 교육과 각종 시책, 조직 문화 관리 등을 GA에서는 모두 자신의 돈과 시간을 들여서 스스로 해야 한다. 물론 그에 대한 보상은 충분하다. 전속사의 경우 회사의 발령으로 내가 키운 지점을 떠날 때는 빈손으로 가야 하지만 GA는 다르다. 회사에 따라 구체적 조건은 조금씩 다르지만, 기본적으로 내가 키운 조직이 살아 있는 한 그에 따르는 보상을 평생 받을 수 있다.

내가 GA로 옮긴 후 지금까지 성장할 수 있었던 건 지속적인 투자 덕분이다. 우선 신입 사원들을 위해 전속사 못지않은 체계적인 교육 프로그램을 만들었다. 더불어 일간, 주간, 월간 MVP를 포함한 각종 시책을 걸었다. 분위기 진작을 위해 수천만 원짜리 자체 행사를 갖기도 한다. 이 모두 내 사비를 들여서 하는 일이다.

몇 해 전 조직이 성장하면서 가능한 모든 대출까지 끌어모아서 큰 사무실로 이전했다. 물론 부담 또한 아주 커서 이후 몇 달 동안 수면제를 먹어야 겨우 잠을 잘 수 있을 정도였다. 하지만 결국 성공했고, 지금 우리 사무실에는 이전할 때보다 훨씬 더 많은 사원들이 나와 함께 성공을 향해 달리고 있다.

나는 사업의 주체가 되고자 하는가? 스스로 "예"라는 대답을 할 수 있는 분이라면 GA 입성을 환영한다. 하지만 여전히 회사라는 조직이 더 편한 분이라면 조금 더 고민해 보시는 것이 좋다. 달콤한 과실만 보고 GA행을 선택했다가 후회할 수도 있기 때문이다.

memo

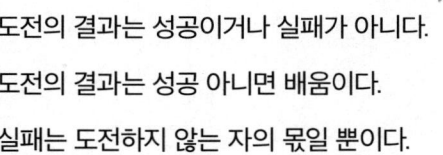

도전의 결과는 성공이거나 실패가 아니다.
도전의 결과는 성공 아니면 배움이다.
실패는 도전하지 않는 자의 몫일 뿐이다.

PART 02

GA 성공을 위한 8가지 원칙

고민 끝에 GA를 선택한 당신께 따뜻한 환영 인사를 드린다. 그리고 이제부터 GA 성공을 위한 노하우를 아낌없이 나누어 드리도록 하겠다. 이것들은 내가 지난 몇 년 동안 GA라는 맨땅에 헤딩을 하며 몸으로 익힌 것들이다. GA에서 성공하는 다른 분들도 같은 원칙을 지키는 걸 보며 확신했다. 이 원칙들을 확실히 틀어쥐고 최선을 다한다면 GA라는 기회의 땅에서 당신도 나처럼 성공할 수 있다. 복잡하거나 어려운 건 하나도 없다. 다만 최선을 다해 한 걸음씩 나아가면 된다.

Chapter 1

영업의 기본 원리를 기억하라

영업이란 무엇인가? 간단히 말하면 '상품을 많이 팔아서 최대한의 이윤을 얻어 오는 일'이다. 기업에서 제아무리 훌륭한 경영 전략을 짜고, 시장 분석과 제품 개발을 한다 하더라도 직접 문을 박차고 나가 상품을 팔지 않는다면 아무런 소용이 없다. 영업 파트는 군대로 치면 전쟁터에 나가 직접 싸우는 전투 병과일 것이다.

그렇다고 무턱대고 뛰쳐나가서 열심히 총을 쏜다고 전투에 이기는 건 아니다. 전투에 승리의 기본 원리가 있듯이 영업에도 성공의 기본 원리가 존재한다. 세상일 무엇이나 기본 원리는 단순하다. 영업도 마찬가지다. 내가 몸으로 체득한 보험 영업의 기본 원리 또한 그렇다. 아마 듣고 나면 "그걸 누가 모르나?" 하는 소리가 나올지도 모른다. 하지만 지금까지 내가 경험한 바에 따르면, 이러한 기본 원리를 충실히 지키는 영업인들은 의외로 드물었다. 그리고 기본 원리를 지키는 소수는 하나같이 성장과 성공을 이루어 냈다. 지금부터 그것들을 하나씩 설명하도록 하겠다.

목표의식

목표 의식은 목표를 이루고자 하는 마음가짐이다. 이것은 목적지를 입력하고 최적의 경로를 찾아가는 내비게이션과 같다. 목표란 생전 처음 가 보는 목적지인 셈이니, 목표 의식(내비게이션) 없이는 다다를 수 없다. **성공이란 목적지를 가기 위해 목표 의식이라는 내비게이션은 필수라는 말이다.**

목표 의식을 가지려면 먼저 목표를 세워야 한다. 이때의 목표는 크고 구체적일수록 좋다. 예컨대 '지난 달보다 더 많은 계약 건수를 올리자' 혹은 '나는 반드시 성공한다'는 것보다 'GA 본부장 승격과 월수입 5천만원 달성'이라는 목표가 더 좋은 것이다.

이렇게 목표를 정했다면 매일 아침 눈을 뜨자마자 마음속으로 목표를 되뇌이자. 소리 내어 말하는 것도 좋다. 이제부터 내가 살아낼 오늘 하루는 내 목표를 향해 걷는 힘찬 발걸음이란 생각에 이르면 침대에서 나와 세수를 하는 자세부터 바뀌게 된다. 사무실 동료에게 건네는 출근 인사 목소리에도 긍정과 활력이 넘쳐 날 것이다. 이러한 긍정의 기운은 당신의 동료뿐 아니라 고객들에게도 전달되게 마련이다. 이것은 마치 자석처럼 다른 사람들을 당신에게 끌어당긴다. 심지어는 물질과 부(富)까지도. 이것이 바로 론다 번이 세계적인 베스트셀러 『시크릿(The Secret)』에서 말한 '끌어당김의 법칙(Law of Attraction)'이다.

'크고 구체적인 목표', '긍정의 힘'에 더해 필요한 것이 '최적의 경로 찾기'다. 내비게이션은 자동으로 경로를 알려 주지만, 내가 정한 목표로 가는 길은 스스로 찾아야 한다. 경로에 대한 고민 없이 목표를 향해 무조건 열심히 달려간다면 헤매기 십상이다. 결국 중간에 포기하거나 운이 좋아 목표를 이루었다 해도 너무 많은 시간이 걸리기 쉽다.

최적의 경로 찾기는 세부 목표, 혹은 단기 목표를 세우는 일이다. 'GA 본부장 승격과 월수입 5천만 원 달성'이라는 최종 목적지를 가기 위해 '일간 MVP 달성', '여름 시책 획득'과 같은 작은 목표들을 하나씩 이루어 가는 것이다. 단기 목표는 더욱 구체적이고 세부적으로 세워야 한다. 그래야 이루기 쉽고, 하나씩 이루어 가는 쾌감 또한 크다. 이렇게 작은 목표를 이루어 가다 보면 어느새 최종 목적지에 도착한 자신을 발견하게 될 것이다.

나는 지금도 노트에 목표를 꼭 기록해 놓는다. 그 목표들을 수차례 읽으며 되새기고, 조금씩 변해 가는 상황에 따라 내용을 수정하면서 체크하는 일을 반복해서 하고 있다. 이렇게 <u>노트에 꾹꾹 눌러 적어 놓은 목표들은 나의 삶을 내가 원하는 방향으로 이끌고, 내가 바</u>

라는 나 자신의 모습을 만들 수 있었던 최고의 열쇠였다. 내 인생에서 앞으로 만나게 될 수많은 자물통들을 시원하게 열어젖힐 열쇠들 가운데 이 '목표 의식'이라는 열쇠가 가장 강력하다.

간절함

　자석마다 자력이 다르듯, 목표 의식을 가진 사람도 저마다 끌어당기는 힘이 다르다. 이걸 결정하는 것이 간절함이다. **간절함은 마치 블랙홀처럼 주변의 모든 것을 자신에게 끌어들인다.** 3년 전 일면식도 없는 나에게 카톡을 보낸 전이혁 FC(현 창원지점 지점장)가 그랬다. 경남 창원에 산다는 전 지점장이 충남 천안의 나와 일하고 싶다는 메시지를 보냈을 때, 처음에는 설마 싶었다. 천안으로 찾아오겠다고 해서 약속을 잡았을 때도 창원의 다른 GA 본부를 추천해 줄 생각이었다. 하지만 만삭의 아내와 함께 온 전 지점장의 한마디를 듣고는 생각이 달라졌다.

　"본부장님, 저 지금 근처 원룸 계약하고 오는 길입니다."

　아, 이 사람이 진짜 간절하구나. 내가 어떻게든 책임져야겠다는 생각이 들었다. 이 간절함은 나만 움직인 게 아니었다. 천안에서 만난 고객들의 마음도 움직였다. 기러기 생활 1년 만에 전이혁 FC는 창원지점장으로 금의환향했다. 창원 지점은 계속 조직을 확장하며 지금도 성공을 이어 가고 있다.

물론 꼭 원룸을 얻고 기러기 생활을 해야만 간절한 건 아니다. 다만 간절함을 가진 사람을 알아볼 수 있는 공통의 바로미터가 있다. 바로 출근 시간이다. **간절한 이들은 어김없이 일찍 출근한다.** 사실 보험 영업인들은 모두 개인사업자이기 때문에 근퇴는 개인의 자유다. 어떤 이들은 이걸 우리 직업의 장점으로 꼽기도 한다. 실제로 출근이 늦어도, 심지어 결근이 잦아도 괜찮은 성과를 내는 사람도 있다. 하지만 생각해 보자. 최저 임금 수준의 급여를 받는 분들도 매일 출근한다. 자영업자들은 가게 문 열기 훨씬 전부터 나와 장사 준비를 한다. 보통의 직장인이나 자영업자보다 훨씬 더 큰 성공을 꿈꾸는 보험 영업인이라면 매일, 일찍 출근하는 것이 당연하지 않은가? 만약 스스로를 사무실 월세와 사무직원 급여를 지급하는 사장이라 생각한다면 어찌 늦게 출근할 수가 있을까? 그래도 쉽게 성공할 수 있다면 하루하루 최선을 다하는 분들께 정말 미안한 일이다. 다행히 성공은 그렇게 호락호락하지 않다.

천만 관객 영화 <극한직업> 속 명대사를 떠올려 보자.

"니가 소상공인을 모르나 본데, 우린 다 목숨 걸고 해!"

목숨을 걸 만큼 간절한 사람이 웬만한 일에 결근을 할 리도, 이런저런 핑계를 대며 출근이 늦을 리도 없다. 이런 간절함이 물질과 부까지도 끌어들이는 힘을 지녔다.

신뢰

우리가 다루는 보험 상품은 모두 '사람'이 살다가 예기치 않게 발생하는 위험을 보장하기 위한 수단이다. 옛날 가방 들고 신발 밑창 닳도록 뛰어다니며 영업하던 시절에도, 인터넷으로 고객 풀을 만들고 SNS로 영업하는 오늘날에도 <u>변함없는 키워드는 바로 '사람'이다. 우리는 사람을 만나고, 사람을 위하고, 사람과 함께하는 사람들이다.</u>

그러므로 영업의 기본 원리 중 으뜸은 '신뢰'다. 하지만 그만큼 얻기 어렵고, 지키기는 더욱 어려운 것이 신뢰다. 신뢰란 한꺼번에 얻는 것이 아니라 차곡차곡 쌓아 가는 것이다. 그러니 평소 고객들에게 내가 취급하는 보험 상품의 장점을 알리기보다 나라는 인간이 믿을 만하다는 것을 어필해야 한다. SNS에 새로 나온 대박 보험 상품 대신 내가 하루하루를 열심히 살고 있는 모습을 올려야 한다는 말이다. 그렇게 차곡차곡 신뢰를 쌓아 놓으면 보험이 필요한 시점에 고객들은 자연스럽게 나를 떠올리게 된다. 우리가 파는 것은 보험 상품 이전에 나에 대한 신뢰인 것이다.

차별화

업계에서 농담처럼 하는 말이 있다. "선수는 선수를 알아본다." 백 퍼센트, 천 퍼센트 공감한다. 한 분야에서 끝장을 보는 선수 두 명이 외나무다리에서 만나는 장면을 상상해 보라. 오호라! 상대를 보는 순간, 서로가 그 오라를 느낄 것이다. 선수는 선수를 알아보니까. 안 그래도 날이 서 있는 두 사람은 더욱더 날을 세우고, 둘 사이에는 극도의 긴장감이 흐른다.

하지만 주변에서는 아무도 그런 분위기를 알아채지 못한다. 그들은 자신의 패를 드러내지 않는 프로이므로. 자기 패를 들키면 아마추어일 뿐이다. 이때 우리에게 필요한 것은 상대의 기선을 제압할 나만의 필살기다. 이것이 차별화다. 일을 잘하는 사람들 사이에서도 장점이 똑같을 수는 없다. 어떤 사람이 특히 더 잘하는 일이 있게 마련이다. 보험업계도 마찬가지다. 나의 장점을 파악해 나만의 필살기를 만들어야 한다.

어느 분야든 좋다. 보장 분야의 전문가가 되거나 법인 영업의 달인이 될 수도 있다. 다만 **그 분야에서만큼은 타의 추종을 불허할 정**

도의 경지까지 올라가야 한다. 그렇게 했을 때 실제 고객들에게 도움이 되는 건 기본이고, 이 땅에서 발 딛고 일하는 영업인으로서 최고의 자신감을 장착할 수 있다. 이런 자신감이야말로 고객의 신뢰를 쌓아가는 또 다른 동력이다.

'내 자리는 나 스스로 정하는 것'이란 진리를 시간이 지날수록 또렷하게 깨닫는다. 우리는 끊임없이 스스로를 차별화해야 한다.

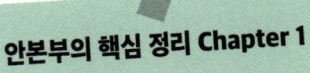

GA 성공 영업의 기본 원리
- 목표 의식, 간절함, 신뢰, 차별화

1. 목표 의식

| 크고 구체적인 목표와 함께 작고 매일 실천 가능한 목표를 세운다.

| 다이어리에 꼼꼼히 적고 하나씩 체크하며 실천하면 효과 만점!

2. 간절함

| 간절함은 마치 블랙홀처럼 주변의 모든 것을 자신에게 끌어들인다.

| 간절한 이들은 어김없이 일찍 출근한다.

3. 신뢰

| 신뢰란 차곡차곡 쌓아 가는 것이다.

| 평소 나라는 인간이 믿을 만하다는 것을 어필하자.

안본부의 핵심 정리 Chapter 1

4. 차별화

| 누구도 따라올 수 없는 전문 분야를 만들자.

| 그래야 자신감이 따라온다.

Chapter 2

상품의 다양성을 적극 활용하라

지금은 보험 관련 카페나 사이트, 어플이 많아서 조금만 검색해도 웬만한 보험 설계사 못지않은 정보를 얻을 수 있다. 같은 보장에 동일한 납입 조건이면 어느 보험사의 월납 보험료가 가장 저렴한지도 즉시 가려낸다.

그럼에도 불구하고 설계사에게 상담을 받는 이유는 무엇일까? 그것은 내가 선택해서 가입한 보험을 오랫동안 정성껏 관리해 줄 '인력'이 필요하기 때문이다. 전속사에서 일하던 시절, 최선과 열정을 다해 상담했건만 마지막 클로징에서 고객님께 이런 말을 들은 적이 여러 번이었다.

"정말 감사한데요, 이 보험에 제가 원하는 특약 내용이 없어서 아쉽네요. 상품만 OO회사 것과 비슷해도 당연히 설계사님께 가입할 텐데요…"

가슴이 미어지는 순간이었다. 아무리 내가 자신만만하게 우리 회사 상품을 소개해도 고객이 원하는 바로 그 '무엇'이 없다면 어쩔 수가 없는 노릇이었다. 인연은 거기까지인 것. 그렇게 돌아서는 상담의 뒤안길이란….

'삼자대면 상담'에서 깨달은 것

　전속사에서 일하면 당연히 그 회사 상품만을 판매해야 한다. 입사 초기에는 거의 우리 회사 상품에 미쳐 있다시피 했다. 당연히 내가 파는 상품이 제일이라 생각했다. 덕분에 자신감이 생겼고, 좋은 실적을 올릴 수 있다.

　하지만 외부 교육을 받고, 인터넷 자료를 뒤지다 보니 다른 회사 상품의 장점들도 눈에 들어오기 시작했다. 우리보다 장점이 더 많은 타사 상품들도 보였다. 생각해 보면 당연한 일이었다. 오랜 시간 살아남은 업계의 강자들이라면 저마다의 필살기를 가지고 있을 테니까. 이렇게 타사 보험 상품들에 눈을 뜨고, 시야가 넓어질수록 내가 받는 스트레스 또한 높아졌다. 분명 더 좋은 상품이 저기 있는데, 나는 왜 그보다 못한 상품을 팔아야 하는가?

　한번은 꼼꼼하기 그지없는 한 고객분께서 보험사 3사의 상품 중 하나를 고르고 싶다면서 각 사 설계사들이 한자리에 모이길 원했다. '삼자대면 상담'을 요청한 것이다. 굉장히 무리한 부탁이었지만 우여곡절 끝에 진행하게 되었고, 저마다 '한 승부사 하는' 영업인들 3인이 한자리에 모였다.

솔직히 말하면 두려웠다. 타사 시스템에 접근이 불가능해 제대로 된 상품 분석이 어려웠기 때문이다. 상대에 대해 잘 모르니 마땅한 전략 전술도 세울 수가 없었다. 나의 주장도 논리적 설득보다 감정적 호소에 가깝게 되었다. 이건 다른 설계사들도 마찬가지였다. 고객의 입장에서는 '우기기 대잔치'처럼 느껴질 수도 있겠다 싶었다. 물론 칼자루를 쥔 고객이 알아서 최종 판단을 하겠지만 말이다.

그런데 생각해 보면 보통의 상담에서도 매번 비슷한 일이 벌어졌다. 내가 소개하는 상품이 얼마나 좋은지에 대한 논리적 설명에다 '약간의 우기기'를 더하게 마련이었던 것이다. 이건 좀 더 강력하게 고객을 내 편으로 모시기 위한 드라이브였다. 분명 거짓말이나 속임수는 아니었지만 찝찝한 마음이 드는 건 어쩔 수 없었다. 내가 모든 상품들을 꼼꼼히 비교 분석하고, 고객에게 최선인 상품을 자신 있게 권할 수 있는 방법은 없을까? 그러면 우기기도 찝찝함도 사라질 텐데….

진짜 보험 컨설팅을 하다

해답은 간단했다. 대한민국의 거의 모든 보험 상품을 판매할 수 있는 GA로 옮기는 것. 간단하지만 결코 쉽지 않았던 결정을 실행에 옮긴 뒤에 내가 얻은 가장 큰 선물은 자신감이다. 지금은 서른 개에 육박하는 보험사의 모든 상품들을 각 회사 시스템을 통해 꼼꼼히 비교 분석할 수 있으니 고객의 니즈가 무엇이든 맞춰 드릴 자신이 생겼다. 자신감이 생기니 우길 필요가 없어졌다. 찝찝함이 사라지니 더 당당해질 수 있었다.

오로지 하나의 출사표만 비장하게 던진 후, 고객의 선택을 하늘에 맡기던 때는 지났다. 고객은 당연히 더 나은 상품, 자기 마음에 더 끌리는 상품을 가입할 권리가 있다. 우리가 그 권리를 실현할 수 있도록 도와드린다면, 고객은 자연스럽게 우리가 내민 계약서에 사인을 할 것이다. 이것이 바로 상품의 제약으로부터 자유로워진 후 내게 일어난 기적의 사이클이다.

전속사에서 고객과 상담할 때는 순간순간이 그야말로 치열한 심리 게임이자 피 말리는 갬블링처럼 느껴졌다. 내가 내민 상품 설계서는 최후의 카드와 같았다. 고객 또한 받아 든 상품 설계서를 꼼꼼하게 뒤적인다. 마치 마지막 카드를 쪼이는 것처럼. 심지어 이 상품에 가입하면 보험회사에서 이 사람에게 주는 월급은 얼마가 될까 하는 것까지도 계산기로 두드리는 고객도 있었다. 우리는 서로의 이익을 놓고 제로섬 게임을 벌이는 듯했다.

미국 재무설계협회가 제시한 FP의 직업윤리 중에 제일은 '고객 이익 우선의 원칙(Client first)'이다. '재무 설계사는 고객의 이익을 최우선으로 여기고, 자신의 개인적 이익보다 고객의 이익을 우선시해야 한다'는 원칙이다.

하지만 전속사의 상품을 판매할 때는 내 이익과 고객의 이익이 충돌한다는 느낌을 받을 때가 많았다.

'지금 내가 고객에게 권하는 우리 회사 상품보다 조건이 더 좋은 타사 상품이 있다면 어쩌지?'

언제나 이런 의문이 드는 건 아니었지만, 가끔 이런 질문이 마음 속을 가득 채울 때도 있었다. 그럴 때면 마음이 더 조급해졌다. 마치 이런 의심을 떨쳐 버리기라도 하려는 듯이 말이다. 하지만 이건 고객을 위한 일이 아니었다. 그래서 내 마음이 조급하다면, 그날은 계약을 하지 않는다는 원칙을 세우기도 했다.

물론 이 보험 덕분에 고객은 질병이나 사고로부터 보호를 받을 수 있을 것이다. 하지만 나는 좀 더 철저히 고객 편에 서고 싶었다. 제로섬 게임의 적수가 아니라 최고의 상품을 함께 찾아 나가는 동반자가 되고 싶었다.

　　GA로 옮기고 나서야 그것이 가능해졌다. 내 마음에도 평화가 찾아왔다. 이제 더 이상 상담 시간은 고객과의 치열한 심리전이 아니라 최고의 상품을 함께 찾아 나가는 이인삼각 경기가 되었다. 이러니 클로징이 안 될래야 안 될 수가 없지 않은가?

작은 보험으로 큰 인연을 맺다

전속사에서는 종신보험이나 연금보험같이 비교적 비싼 상품만 판매할 수 있었는데, GA에 오니 1~2만 원대 운전자 보험이나 펫(pet) 보험처럼 아주 적은 보험료로 가입할 수 있는 상품이 실로 백화점식으로 구비되어 있었다.

예전에는 실비 보험에 가입하고 싶다는 연락을 받은 경우 동선이나 시간이 딱 맞지 않으면 굳이 찾아가지 않던 때도 있었다. 아무래도 들인 품에 비해 적은 수당이 꺼려졌던 것이다. 하지만 이건 너무 근시안적인 행동이었다. 설득심리학에 '문전 걸치기 전략'이란 이론이 있다. 처음 사소한 부탁을 들어주면 나중에 더 큰 부탁을 해도 쉽게 들어준다는 이론이다. 마치 초인종을 누른 방문 판매원이 다짜고짜 물건을 들이밀면 거절당하기 쉬워도, 먼저 문에 한 발을 걸쳐 놓고 시원한 물 한 잔을 부탁하면 세일즈에 성공할 확률도 높아진다는 것이다. GA의 다양한 상품구성은 '문전 걸치기 전략'에 최적이다.

지금은 아무리 작은 보험이라도 일단 찾아가서 성실하게 계약을 맺는다. 고객과 작은 인연의 고리를 걸어 놓는 것이다. 한번 보험을 들어 본 사람은 또 다른 보험을 들게 될 확률이 높다. 그럴 때 나와 작은 인연을 맺어 놓은 고객들은 나를 찾게 마련이다. 특히 그 작은 보험을 통해 보상을 받게 되었을 경우에 그렇다.

전속사에 있을 때는 수술이나 입원 등 큰 보상 위주여서 보상금 지급 건수가 한 달에 5건을 넘기가 힘들었다. 그런데 GA에 오니 10배 이상 늘어났다. 아무리 작더라도 보상을 받을 때는 고객들의 마음이 태평양처럼 활짝 열리게 마련이다. 이럴 때 다른 보험 상품을 판매하거나 지인을 소개받을 기회가 열리는 것이다. 백화점처럼 다양한 상품을 갖춘 GA였기에 가능한 일이었다.

안본부의 핵심 정리 Chapter 2

전격 비교! 전속사 vs GA

	전속사	GA
고객 상담	고객과의 치열한 심리전(제로섬 게임)	고객과 함께하는 2인 삼각 경기(윈-윈 전략)
상품 종류	전문점처럼 제한적	백화점처럼 다양
한 달 보상 건수	보통 5건 이하	보통 50건 이상
문전 걸치기 전략	상품 종류와 보상 건수가 적어 적용 제한	상품 종류와 보상 건수가 많아 적용 쉬움

TIP   **[꿀팁①] 안주원 본부장 상담 RP 메모 대공개!**

고객 상담은 모든 FC의 영원한 숙제다. 학문에 왕도가 없듯이 상담에도 정답은 없다. 하지만 성적을 확 올려 주는 시험 족보처럼 상담에도 실전 노하우가 있다. 내가 현장에서 검증한 상담 노하우를 RP(롤플레이) 메모 형식으로 공개한다. 이걸 족보 삼아 실전을 거치면서 자기만의 상담 노하우를 쌓으면 성공에 한발 더 다가설 수 있을 것이다.

1. '공감'으로 시작하라

사람은 공감으로 마음 문을 연다. 처음 만나는 고객과 공감하기 위해서는 사전 정보가 필요하다. 먼저 카카오스토리나 페이스북, 인스타그램 등의 SNS를 통해 고객에 대한 정보를 충분히 수집한다. 그렇게 모은 정보를 통해 고객이 관심 있는 분야로 대화를 이끌면 자연스럽게 공감이 이루어진다.

> **[RP 메모] 고객의 SNS를 통해 보라카이로 휴가를 다녀온 것을 알았을 때**
> 나: "어떻게, 이번 여름 휴가는 다녀오셨나요?"
> 고객: "아, 네. 지난주에 친구랑 보라카이를 갔다 왔어요."
> 나: "우와, 좋으셨겠네요. 사실 저도 예전부터 보라카이를 가려고 마음먹고 있었어요. 그래, 실제 가 보시니 어땠던가요? 바다 색깔이 정말 사진이랑 똑같나요?"
> 고객: "직접 보니 사진보다 훨씬 좋더라고요. 하하."

이처럼 함께 이야기할 거리를 미리 만들어 가서 초반 분위기를 이끌어라. 특히 우리나라 사람들은 아는 지역 이야기가 나오면 굉장히 친밀감을 느낀다. 가령 부산이 고향인 고객을 만난다면 부산과의 인연을 챙기는 것이 좋다. 자신과 직접 인연이 없다면 고객이 먼저 이야기를 꺼냈을 경우에 적절히 리액션을 보이면서 더 많은 이야기를 하도록 유도한다.

2. 자기소개에 '스토리 셀링'을 활용하라

상담에서 자신을 소개할 때 단순한 정보 나열보다 간단한 스

[꿀팁①] 안주원 본부장 상담 RP 메모 대공개!

토리를 입히면 고객에게 더 잘 어필할 수 있다. 이것이 '스토리 텔링(Story Telling)'이라면 여기에 상품 판매를 위한 셀링 포인트를 더한 것이 '스토리 셀링(Story Selling)'이다. 예를 들면 이런 식이다.

> **[RP 메모] 종신 보험에 관심이 있는 고객을 상담할 때**
>
> "사실 제가 보험 설계사 일을 처음 시작한 데는 사연이 좀 있어요. 저희 할머니께서 2002년에 협심증 진단을 받으셨어요. 당시에 종신보험이 있었지만 보험금을 못 받으셨습니다. 억울해서 보험사에 따졌지만 이게 보험사 잘못도 아니고, 상품의 잘못도 아니라는 걸 알게 됐어요. 그러니까 잘못된 설계로 보험금을 못 받으셨던 거예요.
> 저희 할머니는 아직도 대략 2년에 한 번은 심장이 안 좋아지세요. 가다가 멈춥니다. 그때마다 치료비가 1,200만 원에서 1,400만 원씩 들어요. 식구들은 평소에 곗돈 붓듯이 돈을 모아서 할머니 치료비로 씁니다. 애초에 보험만 협심증까지 보장이 되는 것으로 제대로 알고 가입을 하셨더라도 이런 일은 없었을 텐데 말입니다."

스토리 셀링은 듣는 사람으로 하여금 몰입을 하게 한다. 이렇게 고객이 몰입하게 만든 후 나의 커리어와 함께 성장해 온 과정까지 들려주면 고객의 신뢰를 이끌어 낼 수 있다.

3. 1, 2차 미팅 – 보험 상품에 대한 객관적 설명으로 신뢰를 얻어라

1차 미팅의 핵심은 고객으로 하여금 나를 믿고 자신의 기존 보험 상품을 컨설팅하도록 만드는 것이다. 그런 뒤에 고객 스스로 자신의 보험 증권 내용을 직접 확인하고, 자연스럽게 상품 개선을 위한 2차 미팅을 잡는 것이 좋다.

그러기 위해서는 우선 고객이 나를 진짜 보험 전문가로 인정해야 한다. 그러니 1차 미팅에서는 내가 가져간 상품을 소개하며 "이 상품이 좋아요" 하는 것이 아니라, 보험 상품 일반의 핵심 포인트를 지적하며 "나에게 딱 맞는 보험 상품을 고르기 위해서는 이런 점을 먼저 아셔야 합니다" 하고 설명해야 한다. 그러면서 암, 뇌질환, 심장 질환 등 대표적 질병에 대한 보장성 보험 핵심 체크를 이어 간다.

[꿀팁①] 안주원 본부장 상담 RP 메모 대공개!

[RP 메모] 1차 미팅에서 본격 상담을 시작할 때

"우선 나한테 꼭 맞는 보험 상품을 선택하기 위한 기본 요령부터 알려 드릴게요. 보험 상품이 아무리 복잡해도 제가 알려 드리는 몇 가지 포인트만 기억하시면 나중에 후회할 일이 없으실 겁니다. 보험은 크게 '갱신형'과 '비갱신형'으로 나뉩니다. 이름 그대로 보험 가입 중간에 보험료가 바뀌는 것이 갱신형, 그대로 유지되는 것이 비갱신형이죠. 보험은 보통 '비갱신형'이 유리합니다."

"물론 갱신형이라고 무조건 나쁜 건 아닙니다. 주력 보험을 비갱신형으로 들었다면, 서브 보험은 갱신형도 괜찮죠. 또한 나이가 많은 분이라면 초기 보험료가 낮은 갱신형을 드는 것도 괜찮은 방법입니다."

"만약 갱신형 보험이라면 적립보험료가 적을수록 좋습니다. 보험료가 오를 것을 대비해서 내는 적립보험료는 보장에 아무런 도움이 안 되니까요. 은행에 넣으면 한 푼이라도 이자를 받을 수 있는데, 굳이 보험사에 미리 돈을 낼 필요가 없습니다."

[RP 메모] 암 관련 보험 상품 및 특약 설명

"그럼 지금부터는 대표적인 보험에 대해 말씀드리겠습니다. 고객님들께서 가장 관심 있어 하시는 암 보험부터 설명드릴게요. 암 관련 보험 상품 및 특약은 '일반암'과 '소액암'으로 나뉩니다. 보통 진단금은 5천만 원부터 시작하는데, 일반암에는 보상금을 100% 지급하고, 소액암은 10~20% 정도만 지급해요. 이건 회사마다 지급률이 조금씩 다르니 가입 전에 체크하셔야 합니다."

"그런데 여기서부터가 아주 중요합니다. 남녀 생식기암, 갑상선암, 유방암, 자궁경부암, 난소암, 방광암, 전립선암, 대장점막내암 등은 상품에 따라 일반암이 되기도 하고 소액암이 되기도 합니다. 즉 어느 보험 상품에 가입하느냐에 따라 똑같은 암에 걸리고도 5천만 원을 받을 수도, 5백만 원을 받을 수도 있는 것이죠."

"또한 지금까지 일반암으로 분류되던 암들도 시간이 지나면서 소액암이 되기도 합니다. 예를 들어 갑상선암은 2009년부터, 대장점막내암 등은 2014년부터 소액암으로 축소되었어요. 지금까지 일반암으로 분류되었던 암이 언제 소액암으로 축소될지 모르는 것이 현실입니다."

"그런데도 여전히 많은 고객님들이 상품 내용이 아니라 보험 회사 브랜드만 보고 가입을 하십니다. 암 보험 가입에서 제일 중요한 건 브랜드가 아니라 암 보장 관련 약관을 꼼꼼히 확인하는 겁니다."

[꿀팁①] 안주원 본부장 상담 RP 메모 대공개!

[RP 메모] 뇌질환 관련 상품 및 특약 설명

"뇌 관련 질환은 암 다음으로 사망률이 높습니다. 그런데 뇌질환 관련 상품은 뇌혈관, 뇌졸중, 뇌출혈 등으로 나뉩니다. 보장 범위는 뇌혈관 > 뇌졸중 > 뇌출혈 순이에요. 그러니까 뇌질환 관련 보험은 가능하면 뇌혈관 질환으로 가입하는 것이 가장 좋아요. 그게 아니라면 적어도 뇌졸중으로는 가입해야 합니다. 그래야 가장 흔한 뇌질환인 뇌경색을 보장받을 수 있거든요. 많은 생보사 상품들이 뇌혈관과 뇌졸중을 보장하지 않으니, 꼭 확인하셔야 합니다. 최근에는 소액으로 부분 가입이 되기도 하지만, 실질적 보장에는 턱없이 부족합니다."

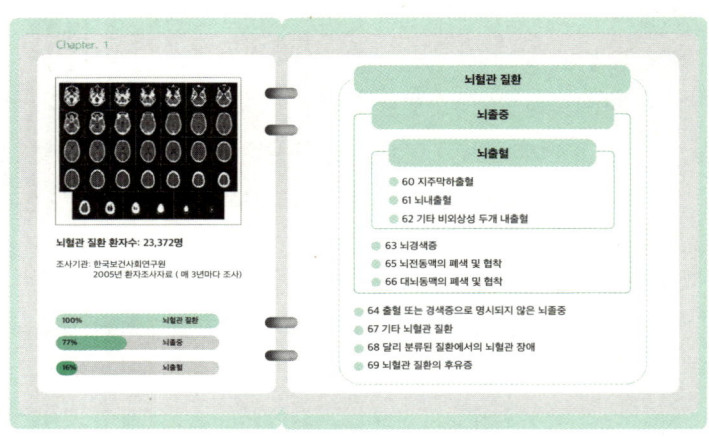

[RP 메모] 심장 질환 관련 상품 및 특약: 급성 심근경색, 허혈성 심근경색, 협심증

"심장 관련 질환은 암, 뇌 질환과 함께 우리나라 3대 사망 원인입니다. 그중에서도 가장 흔한 질병은 협심증이에요. 그런데 협심증 진단 시 제대로 보장받기 위해서는 꼭 '허혈성 심장 질환 진단 담보' 상품을 가입해야 합니다. 급성 심근경색 진단 담보 상품은 협심증 진단을 보장해 주지 않으니 주의하세요."

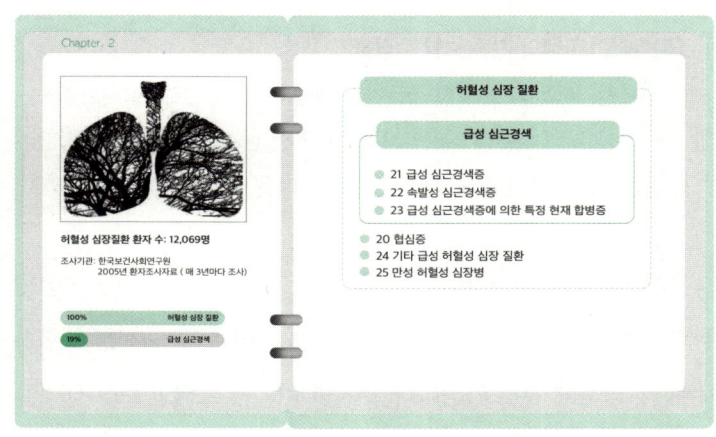

암과 뇌, 심장 질환 관련 상품에 대한 설명을 마쳤으면 고객이 가

> TIP **[꿀팁①] 안주원 본부장 상담 RP 메모 대공개!**

입한 보험을 같이 살펴봐야 한다. 이건 마치 시험 문제 답안지를 미리 보는 것과 같다. 그만큼 중요한 일이지만 많은 시간을 써서는 안 된다. 보장 분석 애플리케이션을 이용해 고객이 가입한 모든 보험을 한꺼번에 보면서 조금 전 설명한 질환별 상품 체크 리스트를 다시 한번 점검해 준다. 그러면서 자세한 내용은 고객 스스로 보험 증권을 보면서 체크하도록 만든다.

> **[RP 메모] 고객의 기존 보험 점검하기**
>
> "자, 지금까지 대표 보험 상품별로 핵심 체크 리스트를 살펴보았습니다. 지금부터 저한테 3분만 시간을 주시면 현재 고객님께서 가입한 보험들을 한눈에 정리해 보여 드리겠습니다."

보장 분석 애플리케이션을 이용하면 고객이 가입한 모든 보험을 한꺼번에 볼 수 있다. 부족한 보장 내역을 알려 주고, 그것을 채우기 위한 새 상품 추천도 가능하다. 하지만 여기서 고객의 보장 내역을 꼼꼼히 살피거나 새로운 상품을 추천할 필요는 없다. 다만 고객이 자신의 보험을 전체적으로 살피고, 보험 증권을 직접 받아서 내가 설명한 내역을 체크할 수 있도록 유도하면 된다. 그러니 고객의 보험을 함께 점검하는 데 3분이면 충분하다. 보험 설명부터 보장 내역 체크까지, 1차 미팅은 30분을 넘지 않도록 한다. 마지막은 고객이 보험사로부터 보험 증권을 받아서 스스로 보험 내용을 확인하도록 당부하면서 끝낸다.

> **[RP 메모] 1차 미팅 마무리 - 보험 증권 확인 요청**
>
> "고객님 상품이 OO생명보험이라고 하셨죠? 정말 좋은 회사입니다. 저도 그 회사 상품을 많이 팔고 있어요! 저한테 기존에 가입하신 보험 증권을 보내 주시면 새로운 상품을 설계할 때 중복되는 부분을 체크해서 최대한 효율적인 설계를 도와드릴게요. 해당 보험사 콜센터에 전화하셔서 증권 요청하시면 받을 수 있습니다. 그리고 증권 받으시면 첫째 갱신형 상품인지, 둘째 남녀 생식기암이 소액암으로 분류되어 있는지, 마지막으로 뇌출혈 또는 급성 심근경색 담보 가입이 되어 있는지만 체크해 보세요. 만약 이런 것들에 해당된다면 부분적으로 리모델링이 필요할 수 있습니다!"

이렇게 1차 미팅이 끝난 뒤 보험 증권 확인 요청을 다시 한번 문자나 카톡으로 꼭 보내 드려야 한다. 그래야 리마인드도 되고, 증권을 받은 후 카톡 내용을 체크 리스트 삼아 살펴볼 수 있기 때문이다.

[꿀팁①] 안주원 본부장 상담 RP 메모 대공개!

증권을 확인한 고객이 내가 설명한 내용을 발견한다면 즉각 전화를 걸어 올 것이다. 혹시 고객에게 불리한 내용이 있다 하더라도 한 템포 쉬어 가면서 다음 미팅을 잡는 것이 좋다.

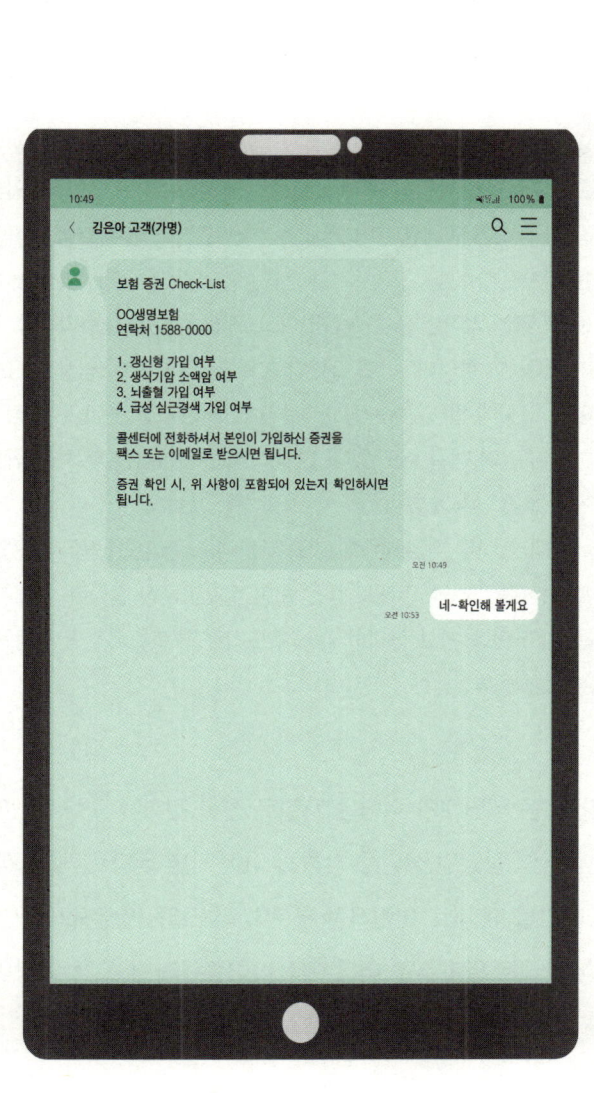

TIP

[꿀팁①] 안주원 본부장 상담 RP 메모 대공개!

[RP 메모] 2차 미팅 잡기

고객: "증권을 확인해 봤더니, 말씀하신 적립보험료, 갱신형, 뇌출혈 등등 다 들어가 있네요. 큰일이네요… 어쩌죠? 저 이제 보험을 바꿔야 하는 건가요?"

(이때 덥석 먹이를 물듯 "네, 맞아요. 정말 잘못된 보험입니다. 당장 뜯어고치셔야 합니다" 하고 말한다면 스스로 아마추어임을 인정하는 것이다. 그렇게 말하는 순간 고객은 마음에 상처를 받아 보험 전체에 대한 거부감이 생길 수도 있다. 먼저 고객을 안심시킨 후 차근차근 이야기를 풀어 나가야 한다.)

나: "고객님, 너무 걱정하지 마세요. 부분적으로 리모델링이 필요할 것으로 보이긴 하지만, 그래도 좋은 보험에 가입하신 겁니다. 자세한 사항은 제가 만나 뵙고 상세히 설명해 드리겠습니다. 혹시 언제쯤 시간이 괜찮으세요?"

자, 이쯤 되면 2차 미팅은 저절로 잡힐 것이다. 2차 미팅에서는 전화받을 때 참았던 상담을 찬찬히 이어 가면 된다. 만약 고객의 전화를 받았을 때 바로 이런저런 부분이 리모델링이 필요하다면서 그 자리에서 미주알고주알 이야기를 늘어놓았다면 고객 입장에서는 100% 나를 신뢰할 수 없었을 것이다.

2차 미팅에 이르렀다면 이미 고객의 신뢰를 상당히 받은 셈이다. 고객의 보험 증권을 같이 보면서 기존 상품의 장단점을 파악하고, 상담을 통해 고객 스스로 보험에 대한 니즈를 끌어올릴 수 있도록 도움을 준다. 주 계약의 액수를 정할 때도 고객이 살아온 삶과 현재 상황에 맞게 상담한다. 이때 사망보험금이 우선인 고객인지, 의료비가 우선인 고객인지 재빨리 파악해서 그것에 맞는 상품을 제안하는 클로징 미팅을 준비하도록 하자.

(만약 경력이 있는 보험 설계사라면 1차 미팅 이전에 보험 증권 체크 리스트를 보내서 2차 미팅 없이 바로 클로징 미팅으로 연결해도 된다.)

4. 클로징 미팅 - 스스로 확신을 갖고 강하게 마무리하기

자, 이제 고지가 바로 앞이다. 클로징 미팅에 가지고 갈 보험 설계서는 3가지로 준비하는 것이 좋다. 보험료는 저렴하지만 보장 또한 최소한인 실속형 A안, 보험료와 보장이 모두 적당한 B안, 높은 보험료에 프리미엄급 보장을 약속하는 고급형 C안. 고객들은 A, B, C안에서만 고민하고 더는 다른 설계사를 만나지 않을 것이다. 왜일까?

TIP   **[꿀팁①] 안주원 본부장 상담 RP 메모 대공개!**

이 세 가지 안에서 고민하는 것만 해도 고객에게 벅찬 일이기 때문이다. 3가지 안을 모두 꼼꼼히 설명할 필요는 없다. 이 중에서 고객이 직접 고를 수 있도록 유도하면 된다.

   상품을 제안하는 클로징 미팅은 무조건 강하게 밀고 나가야 한다. 스스로 확신을 가지고 고객에게 정확한 방향을 제시해야 한다. 절대로 고객에게 휘말리거나 끌려다니면 안 된다. 지금 내가 제시하는 솔루션이 맞다! 이것이 옳다! 내가 먼저 나 자신을 믿어야 한다. 이런 믿음과 자신감이 음성과 눈빛을 통해 나와야 한다. 또한 내가 아니더라도 이 고객은 어차피 다른 설계사를 통해 보험에 가입할 것이니, 내 상품에 대한 확신을 가지고 강하게 어필해야 한다.

> **[RP 메모] 클로징 멘트**
> "지금 가입하시는 이 보험이 현재 시점에서 가입할 수 있는 모든 상품 중에 최고의 플랜입니다. 이 플랜으로 꼭 가입하셔야 합니다. 그래야 고객님께서 최고의 보장을 받으실 수 있습니다!"

   고객이 새로운 제안이 만족스럽기는 하나 기존의 보험을 해지했을 때 발생하는 손해 때문에 망설인다면 이런 멘트를 덧붙이도록 하자.

> **[RP 메모] 기존 보험 해지 설득 멘트**
>
> "고객님께서 서울에서 부산을 가려고 버스를 타셨다고 가정해 보겠습니다. 버스에 타면 대부분 한숨 주무십니다. 그런데 한참을 주무시다 깨어 보니, 어? 버스를 잘못 타신 겁니다! 지금 고객님께서 탄 버스는 강원도 가는 버스였던 겁니다. 어떻게 하시겠습니까? 어떡하지, 어떡하지 하면서 원하는 목적지도 아닌 강원도로 가시겠습니까? 당연히 아닙니다. 중간에 얼른 내려서 다시 부산 가는 버스로 갈아타는 것이 유일한 해결책입니다."
>
> "지금 고객님의 보험 가입 상황이 바로 부산을 가야 하는데 강원도 가는 버스를 타신 것과 같습니다. 이럴 때는 차비가 더 드는 것이 아니라 애초의 목적지, 그러니까 내가 보험에 가입한 목적이 무엇인가에 집중해야 합니다. 보험을 든 목적은 제대로 된 삶의 위험 보장입니다. 고객님이 아플 때 보험이 치료 비용을 커버해야 합니다. 다쳤을 때도 생활비 대체가 되어야 합니다."
>
> "강원도행에서 부산 가는 버스로 갈아타야 되듯이 내가 원하는 목적에 부합하는 보험으로 갈아타셔야 합니다. 아니면 나중에 훨씬 더 큰 손해를 보게 됩니다. 제가 제안드리는 보험이 고객님께 최선의 상품입니다."

[꿀팁①] 안주원 본부장 상담 RP 메모 대공개!

저축성 보험(연금) 상품이라면 제안 상품과 클로징 멘트가 달라져야 한다. 이때는 A안과 B안, 두 개의 상품 설계서를 준비한다. A안은 연금 가입을 지금부터 시작했을 때, B안은 10년 뒤에 했을 때 상품 설계서다.

> **[RP 메모] 연금 클로징 멘트**
>
> "고객님, 박태환과 제가 수영 시합을 하면 누가 이길까요? 네, 당연히 박태환 선수가 이깁니다. 그렇다면 제가 꼭 박태환 선수를 이기고 싶다면 어떻게 하면 될까요? 방법이 있습니다! 제가 10분 일찍 스타트 하면 되죠.
>
> 그 누구도 노후는 피할 수 없습니다. 노후 문제를 쉽게 해결하는 방법은 '일찍부터 준비하는 것'입니다. 마치 제가 10분 일찍 출발하면 박태환 선수보다 먼저 터치패드에 닿을 수 있는 것과 같은 이치입니다. 지금 앞에 있는 가입 설계서의 수령액 보이시죠? 다른 분들보다 먼저 시작하시면 보다 넉넉한 노후를 맞이하시게 됩니다. 다시 한번 기억해 주세요. 노후는 백 퍼센트 찾아오고, 어느 누구도 피할 수 없습니다."

'좋은 보험 설계'란 무엇일까? '오랫동안 유지할 수 있는 보험 설계'다. 그러기 위해서는 고객 스스로 좋은 보험 상품 기준을 갖고 설계사가 제안한 상품을 선택할 수 있어야 한다. 이걸 위해 첫 미팅에서 내 상품이 아니라 보험 상품 일반에 대한 핵심 체크 리스트를 알려 드리고, 이 기준에 따라 고객 스스로 직접 보험 증권을 확인하도록 만드는 것이다. 이렇게 하면 고객은 자신이 가입한 보험의 내용을 정확히 숙지하면서 상품에 대한 만족도와 지속 가능성이 높아진다. 그 과정에서 믿을 만한 보험 설계사에게 지인 소개가 이어지는 것은 덤이다.

TIP [꿀팁①] 안주원 본부장 상담 RP 메모 대공개!

보너스 부모 보험으로 이어지는 태아&어린이 보험 상담 요령

　태아 보험이나 어린이 보험은 부모의 보험 상담으로 이어질 수 있는 좋은 계기다. 우선 보험 상담 시 가족일상생활배상 추가 여부를 결정하기 위해 부모의 보험 증서가 필요하다고 요청한다. 물론 부모 중 하나가 가족일상생활배상책임 특약에 가입되어 있다면 보험 증서까지 필요 없지만, 그걸 확인할 겸 부모의 보험 증서를 자연스럽게 요청할 수 있는 계기로 삼는 것이다.
　최소한의 비용으로 고객이 원하는 태아 보험이나 어린이 보험을 계약한 뒤, 부모님의 보험 증권을 분석한 결과를 가지고 자연스럽게 상담을 이어 간다.

[RP 메모] 태아&어린이 보험 계약에 이은 부모 보험 상담

나: "고객님 지금 계약한 보험은 누구를 위한 것인가요?"
고객: "당연히 우리 아기를 위해서죠."
나: "맞습니다. 하지만 한 걸음 더 들어가 생각해 보시면, 이 보험은 만에 하나 아이가 아프거나 다쳤을 때 부모님의 경제적 리스크를 줄이기 위해서 미리 준비해 두시는 겁니다. 진짜 아이를 위한 길이 무엇일까요? 바로 부모님의 보험이 튼튼해야 합니다. 제가 지난번 미팅에서 받은 어머님(혹은 아버님)의 보험 증권을 꼼꼼히 분석해 봤습니다. 태아보험 준비하시면서 갱신형에 대한 부분, 만기에 대한 부분, 보장에 대한 부분 하나하나 꼼꼼하게 다 비교하셨죠? 그런데 왜 정작 부모님의 보험은 꼼꼼하게 준비를 안 하셨나요? 진정 자녀를 위하는 마음이 있으시다면 부모님의 보험도 지금 리모델링을 받으셔야 합니다."

이렇게 해서 2차 미팅으로 이어진다면 상품 추천에 이은 클로징까지 일사천리로 진행할 수 있을 것이다.

> 안본부의 핵심 정리 [꿀팁①]

1. 공감으로 시작하라
   | 고객 SNS를 확인하고 미리 이야깃거리 만들기
2. 자기소개는 '스토리 셀링'으로
   | 나에 대한 단순 정보 대신 영업과 관련된 스토리 구성
3. 1차 미팅 – 보험 증권 확인 – 2차 미팅으로 연결하기
   | 1차 미팅에선 상품 권유 대신 상품별 핵심 체크 리스트 설명
   | 1차 미팅 후 고객 스스로 기존 보험 증권 확인
   | 2차 미팅에서 3가지 상품 제안 후 강력한 클로징으로 마무리
   | 상황별, 상품 종류별 클로징 멘트 준비

[보너스] 태아&어린이 보험은 부모 보험의 리모델링으로 연결하라

Chapter 3

활동 영역의 한계를 극복하라

가끔 피아노나 바이올린 협주자가 전체 오케스트라까지 지휘하는 경우가 있다. 악기 하나만 연주해도 버거운 일인데 수십 명의 오케스트라를 이끌며 지휘까지 하다니, 그 놀라운 모습은 경이롭기까지 하다.

음악이 시작되면 연주자의 눈길과 손길은 오케스트라 전체를 향한다. 그렇게 음악을 끌고 나가다가 독주 파트가 되면 재빨리 악기를 쥐고, 혹은 바로 피아노 앞에 앉아 또 다른 자기 역할에 집중한다. 실로 환상적인 모습이다. 이럴 경우 협연은 더욱 완벽해진다. 지휘자가 곧 협연자이기 때문이다.

운동에도 플레잉 코치라는 개념이 있다. 선수로 뛰면서 코치의 역할까지 하는 것이다. 뛰어난 플레이는 필수고 다른 이들을 이끄는 코치의 자질까지 갖춰야 한다. 쉽지 않은 자리지만 할 수만 있다면 장점이 많다. 다른 선수들과 함께 뛰면 그들과 공감하면서 팀을 더 잘 이끌 수 있기 때문이다. 또한 선수와 코치, 양쪽으로 성과를 낼 수 있기에 본인의 성장에도 큰 도움이 된다.

보험에도 이렇게 독주자와 지휘자, 선수와 코치를 겸하면서 더 큰 성과를 낼 수 있는 조직이 있다. 바로 GA다. 전통적으로 보험업계는 보험 영업과 리크루팅이 거의 완벽하게 분리되어 움직인다. 전속사는 입사 후 첫 교육에서 두 갈래의 커리어 패스를 비전으로 제시한다. 하나는 관리자로 성장하는 길, 다른 하나는 영업인으로 끝까지 필드에 남는 모델이다.

반면 <u>GA는 관리자와 현장 영업이라는 두 마리 토끼를 다 잡을 수 있는 곳이다</u>. 아니, GA라는 시스템은 오히려 그렇게 하는 것을 장려한다. 영업 현장에서 손을 떼면 관리를 제대로 하기 어렵다고 판단하기 때문이다. 물론 한 가지 일에 전념할 때보다 두세 배 이상의 에너지를 쏟아야 한다. 하지만 그만큼 성과와 보람이 크다.

내가 '플레잉 코치'를 선택한 이유

　나는 영업을 처음 시작했을 때부터 보험이 너무나 재미났다. 원래 재테크에도 관심이 많았지만, 보험 상품 자체가 아주 흥미로웠다. 성공과 실패를 거듭하면서 성장하는 이 일이 천직이라 생각하고 열심히 앞만 보며 달렸다. 그러다가 덜컹, 돌부리에 부딪힌 듯 속도를 늦춰야 할 순간이 찾아왔다. 계속 영업인으로 성장할지, 혹은 관리자로서 다른 길로 가야 할지 기로에 선 것이다. 이런 갈림길은 뜻하지 않은 순간에 찾아왔다.

　영업을 시작하면서 SNS에 내가 일하는 모습을 꾸준히 올렸다. 아침 몇 시에 출근했는지, 몇 시에 퇴근했는지, 그동안 몇 명의 고객을 만났는지 같은 일상의 모습이었다. 또 고객이 모르고 그냥 지나칠 뻔한 보상을 꼼꼼히 알아내어 받게 해 드린 예도 빠뜨리지 않았다. 그리고 내 인생 최고의 여행이었던 회사의 시책 여행도 하나하나 다 기록했다.

　이렇게 몇 년이 지나다 보니 SNS를 통해 보험 상담 문의가 들어기도 했지만, 무엇보다 같이 일하고 싶다며 연락을 주는 사람들이 점점 늘어나기 시작했다. 내가 일하는 모습을 보면서 보험업계에 대한 비전을 갖게 된 분들이었다. 결국 예닐곱 명의 신입 설계사들이 나를 통해 일을 시작했다. 그러나 내 역할은 이들을 나보다 상위 직급의 매니저에게 소개하는 것까지였다. 당연히 이들은 내가 아니라 나를 관리하는 매니저 소속이 되었고, 이들이 내는 성과 또한 내가 아니라 매니저의 몫이 되었다.

갈등의 순간이 찾아왔다. 아예 이번 기회에 본격적으로 관리자의 길로 나설까? 그러기에는 현장 영업이 너무 재미있고 성과도 좋은데…. 현장 영업과 인력 관리를 동시에 할 수 있는 길은 없을까? 하지만 전속사는 구조상 리크루팅과 인력 관리가 주 업무인 관리자들은 영업을 하기 힘들었다.

이런 갈등은 GA로 옮기면서 자연스럽게 해결되었다. GA는 관리자와 영업인 사이의 벽이 없는 조직이었다. 나는 여기서 본격적으로 관리자의 자질을 닦고, 조직을 키워 나가기로 결심했다. 협주자를 겸하는 지휘자, 혹은 플레잉 코치로서의 커리어 패스를 시작하기로 한 것이다. 그러고는 SNS를 통해 적극적으로 리크루팅에 대한 홍보를 시작했다. 나의 모든 것을 1,000% 공유하겠다고 했다. 반응은 실로 폭발적이었다. 여러 해 동안 꾸준히 성장해 가는 '보험 설계사 안주원'의 모습을 지켜본 분들이 나를 믿고 새로운 일을 시작할 결심을 하게 된 것이다.

누군가는 묻는다. 지금까지 현장에서 어렵사리 쌓은 노하우를 공짜로 나누는 것이 아깝지 않느냐고. 내 대답은 한결같다. "전혀 아깝지 않다!" 나와 함께 일을 시작하는 분들이 쌓는 성과는 그대로 나의 성과이기도 하니까. 그러니 내가 가진 모든 것을 나누는 것이 나에게도 좋은 일이다. 나중에 나를 떠나 새로운 조직을 만든다 해도 상관없다. 나 또한 이전 직장에서 좋은 분들께 많은 노하우를 공짜로 얻어서 여기까지 올 수 있었다. 이러한 나눔의 문화는 내가 지금 조직에서 강조하는 부분이기도 하다. <u>지금도 나를 믿고 이 일을 새로 시작하려는 분들과 내가 가진 노하우를 1,000% 공유하겠다는 마음은 여전하다.</u>

나는 가끔 함께 일하는 설계사들에게 묻는다. 혹시 이 중 공무원 시험을 준비하셨던 분, 혹은 대기업 입사를 준비하셨던 분이 있는지 하고 말이다. 그리고 그분들에게 축하를 드린다. 공무원이나 대기업 시험에 탈락하였음을. 이건 100% 진심이다. 만약 공무원 시험에 합격했거나, 대기업 입사에 성공했더라면 월급 몇백만 원에 목숨 걸며 평생 정해진 삶을 살아야 하지 않은가. 지금 우리 조직에 와서 그것보다 훨씬 더 많은 돈을 벌고 계시니 진심으로 축하드린다는 말이다.

다른 분들도 이런 행운을 누릴 기회를 드려야 한다고 생각하니 적극적으로 리크루팅을 하지 않을 수 없다. 월급 일이십만 원을 올려 받기 위해 이직을 결심하는 분들도 많은데, 일이백, 아니 상한선 없는 수당을 받을 수 있는 곳으로 안 올 이유가 없는 것이다. 그분들이 정해진 삶을 사는 대신 더 넓은 세상을 볼 기회를 드리고 싶다.

6개월 만에 지점장이 되다

사실 GA로 옮기자마자 바로 리크루팅에 적극적으로 나선 건 아니었다. 무엇보다 새로운 환경에 적응하느라 시간이 부족했다. 내 앞에 새로 펼쳐진 수많은 보험 상품을 공부하고, 거기다 매월 새로운 정보를 업데이트해서 고객들에게 소개하는 것만으로도 한 달이 순식간이었다.

그러던 중 우연히 당시 내가 모시던 본부장님의 수당 내역서를 보게 되었다. 본부장님 책상 위에 있던 수당 내역서를 스치듯 보았을 뿐인데 그 안의 숫자들이 내 머릿속에 와서 박혔다. 그만큼 충격적(?)이었기 때문이다. 총 5천만 원 남짓한 수당 중 무려 3천만 원이 관리 수수료였다. 게다가 그중 60% 정도가 내가 속한 팀에서 나온 수당이었다.

GA는 회사 운영에 최소한의 비용만 쓰고 대부분의 영업 이익을 조직에 수당으로 지급하기 때문에 같은 실적을 올려도 전속사보다 보통 1.5배 이상 더 많은 수당을 받는다. 이런 사실은 이미 어느 정도 알고 있었지만, 막상 본부장님의 수당 내역을 보니 머리를 망치로 맞은

듯 충격을 받았다. 아, 이러니까 GA에서는 너도나도 리크루팅에 적극적으로 나서는 거였구나.

실제 GA에서는 입사한 지 몇 달 안 되는 사람이 관리자가 되는 경우가 흔하다. 전속사였다면 나를 찾아와 보험 영업을 하고 싶다고 말하는 사람이 있어도 "아, 그럼 우리 매니저님께 말씀드리겠습니다" 하고 말했을 것이다. 이게 GA에서는 "그래, 우리 함께 새로운 팀을 짜봅시다!"가 되는 것이다. 이때 관리자의 나이나 경력은 전혀 문제가 되지 않는다. 실적만 좋으면 누구나 팀장으로, 지점장으로, 본부장으로 성장할 수 있도록 적극 지원한다.

덕분에 아직 모든 것이 부족했던 나도 본격적으로 리크루팅을 시작하고 6개월 만에 지점장이 될 수 있었다. 쉴 새 없이 조직을 키워 온 지 3년, 내 옆에는 300여 명의 설계사들이 지금 이 시간에도 열심히 뛰고 있다. 나 또한 이들과 함께 뛰고 있다.

투자 마인드 장착, 성공의 지름길

영업과 마찬가지로 리크루팅 또한 성과를 내기 위해서는 적극적으로 움직여야 한다. SNS나 소개를 통해 보험 일을 하고 싶다고 이력서를 들고 오는 분들도 환영해 드려야 하지만, 동시에 좋은 인재를 찾아 나서는 리크루팅도 필요하다는 말이다. 내가 효과를 봤던 리크루팅 방법은 바로 알바몬과 같은 채용 사이트를 이용하는 것이었다.

채용 사이트를 이용하는 데는 두 가지 방법이 있다. 먼저 인재 채용 공고를 올린 후 지원하는 사람들을 면접하는 방법과 이미 구직란에 올라와 있는 이력서를 찾아보고 연락을 해서 면접하는 방법이다. 사이트마다 조금씩 다르지만 100개의 이력서를 열람하는 데 드는 비용이 대략 3만 원 선이다. 이력서를 열어 보기 전에 먼저 관심 지역과 업종을 설정해서 걸러 내면 좀 더 우리 쪽 니즈에 근접한 알짜 이력서를 열람할 수 있다.

이렇게 이력서를 열람한 뒤 고객에게 TA를 하듯이 채용설명회에 대한 안내 전화를 했다. 내가 직접 하는 것이 더 좋겠지만, 시간 관계상 전담 알바를 두었다. 이런 방식으로 매월 설명회에 참석할 인원을 모집했다. 사이트마다 효과도 달랐다. 처음 지역광고 형식으로 55만 원을 투자했던 사이트에서는 단 한 명의 입사자도 뽑지 못했다. 그래도 포기하지 않고 다음 달 다른 사이트에 같은 방식으로 리크루팅을 진행했더니, 이번엔 6명을 모집할 수 있었다. 이후 2개월 동안 이 사이트를 통해 20명의 신입 사원이 더 들어왔다.

자, 그럼 투자 대비 효과를 따져 보기로 하자. 나는 총 4개월간 220만 원을 투자해 26명의 인원을 채용했다. 그리고 이분들은 지금 나에게 매월 800~1,200만 원가량의 수당을 안겨 주고 있다. 이분들이 그만두지 않는 한, 나에게는 평생 이 소득이 지속된다. 즉 220만 원을 투자해서 최소 1억, 많게는 수십 억의 수익을 얻은 것이다. 첫 달 채용 사이트에 공고를 내고 단 한 명도 입사하지 않았을 때, 그저 쉽게 '아, 이건 안 되는 일이구나' 하고 포기했더라면? 나는 지금도 함께 일하고 있는 26명의 신입 사원들을 만날 수 없었을 것이다.

나는 이런 성공 경험을 우리 본부 사람들에게 적극적으로 알렸다. 그러면 모두가 당장 나처럼 시작할 줄 알았다. 그런데 웬걸, 수십 일이 지나도록 아무도 이런 방식으로 투자를 시작하지 않았다. 답답한 마음에 직원들에게 행동에 나서지 않는 이유를 물었더니 이런 대답이 돌아왔다.

"이미 본부장님이 천안 지역 채용 사이트를 싹쓸이하고 계신데, 같은 곳에 투자하면 실패할 게 뻔하잖아요."

다행히 모두가 그런 마음인 건 아니었다. 당시 입사 2개월 차인

FC 한 분이 행동에 나섰다. 내가 채용 공고를 냈던 사이트는 물론이고 훨씬 더 유명한 채용 사이트에도 월 200만 원의 광고비를 들였다. 겨우 입사 2개월 차라는 걸 고려하면 나름 큰 투자였다. 결과는? 대성공! 신입 사원이었던 박진호 FC는 두 달간 15명의 인원을 채용해서 팀장으로 올라섰던 것이다. 거제도에서 천안으로 올라와 주변에 아는 사람 하나 없는, 그야말로 맨땅에서 치고 올라와야 하는 상황에서 15명 입사는 기적 같은 기록이었다. 성공을 바라는 간절한 마음이 투자로 이끌었고, 마침내 이런 기적을 이룬 것이다.

이런 방법을 통해 우리 본부와 함께하는 설계사의 수는 무려 100여 명에 달한다. 약간의 투자가 큰 결실로 돌아오는 바람직한 포트폴리오가 아닐 수 없다. 잃는 것은 곧 얻는 것이다. 설령 투자에 실패하더라도 얻는 것은 많다. 투자는 도전이다. **도전의 결과는 '성공이거나 실패'가 아니라, '성공 혹은 배움'이다. 도전하는 사람에게 실패란 없다. 실패는 도전하지 않는 자의 몫일 뿐이다.** 성공하는 사람들은 100만 원짜리 교육도 필요하다고 생각하면 주저 없이 신청한다. 이런 마인드를 가진 사람들이 모이는 교육이니 인맥 또한 따라온다. 반면 2만 원짜리 교육도 돈이 아까워 안 듣는 사람들은 저녁 값으로 몇만 원쯤은 쉽게 쓴다. 100만 원의 투자는 수십 배가 되어 돌아오고, 몇만 원짜리 저녁은 배 속으로 사라져 버린다.

현장 밀착형 관리자가 되라

지금도 매월 초가 되면 서른 군데 남짓한 보험 회사의 상품을 비교 분석하여 고객들에게 필요한 정보를 보내 드린다. 고객들이 궁금해하는 것들은 무엇인가? 도대체 내가 가입한, 혹은 가입할 보험 상품이 다른 회사 것과 어떻게 다른지, 어떤 점이 더 좋은 것인지, 또는 나한테 딱 맞는 상품인지 하는 것들이다.

어떻게 고객들의 궁금증을 일일이, 그것도 매달 풀어 줄 수 있느냐고? 당연히 그래야 한다. 휴대폰 하나 사는 데도 기기를 분해하듯 꼼꼼히 따지는데, 한번 가입하면 평균 20년 동안 매달 돈을 내야 하는 보험 상품은 오죽하겠는가. 보험 하나를 가입하는 것은 무려 중형차 한 대 값을 치르는 일이다. 그러니 디테일한 정보 하나까지 소홀히 할 수가 없다.

본부장이 되어 큰 조직을 이끄는 지금도 나는 시간을 쪼개 보험 공부를 한다. "조직을 이끌려면 큰 그림을 봐야지, 그런 자잘한 상품 정보나 금융 지식을 챙겨서 되겠느냐"는 핀잔을 들을 때도 있지만 개의치 않는다. 조직이 클수록 관리자는 더욱더 열심히 공부해야 한다.

놀라운 속도로 급변하는 금융의 트렌드를 파악해서 팀원들에게 방향을 제시하기 위해서다. 하지만 디테일이 빠진 큰 그림은 공허할 따름이다. 팀원들에게 미래의 방향뿐 아니라 세밀한 길까지 알려 주어야 한다. 그래야 팀원들이 믿고 따를 수 있다.

전속사에 있을 때 일부 관리자분들한테 실망한 적이 있다. 아침 미팅 때 늘 몇 건 마감하겠느냐는 질문만 해 대는 관리자들. 지친 팀원들은 달성되지도 못할 공허한 숫자만 외치고는 다시 축 처진 어깨로 사무실을 나선다. 다음 날도 반복이다.

이런 분들은 이미 영업에서 손을 뗀 지 오래되었기 때문에 자주 판매되는 몇몇 상품 외에는 잘 알지 못한다. 그래서 팀원이 상품에 대한 질문이라도 하면 무조건 전화부터 든다. 본사의 관련 부서에 물어보는 것이 편하고 또 빠르기 때문이다. 물론 모든 관리자들이 그랬다는 건 아니다. 관리자가 되면서 영업은 손을 떼어야 하는 전속사의 시스템상 그럴 수도 있다.

GA로 옮겨 관리자로 나서면서 나는 결심했다. 일하는 관리자, 움직이는 관리자가 되자. 그리고 무엇보다 현장에 환한 관리자가 되자. 현장에서 직접 상품을 팔아야 고객 상담의 감도 유지하고, 실제 보험 시장의 트렌드를 따라갈 수 있다. 그래야 큰 그림, 미래의 비전도 제대로 제시할 수 있는 것이다.

그런데 지점장에서 본부장이 되면 또 한 번의 도약이 필요하다. 배를 조정하는 것은 밀착형 관리자인 지점장들에게 위임하고, 본부장은 우리 조직이 나아가야 할 항로를 정해야 한다. 이것이 조직 전체 리더의 역할이다. 그래서 리더는 다른 사람들보다 더 많이 보고, 더 멀리 보고, 더 빨리 보아야 한다.

나, '보험 설계사' 안주원

내가 관리자가 되어서도 현장을 못 떠나는 이유가 또 하나 있다. 무엇보다 나는 현장에서 고객을 만날 때 가장 행복하기 때문이다. '안주원 본부장'이라는 직함보다 지금도 명함에 새겨져 있는 '보험 설계사 안주원'이라는 이름이 더 좋다.

"그럼 설계사님 믿고, 저 이거 가입합니다."

FC치고 고객의 이 한마디에 감격하지 않은 사람이 있을까. 누구나 이 말을 듣고 가슴 벅차서 앞으로 더 열심히 해야지, 더 오래 일해야지 다짐했던 경험이 있을 것이다. 나에게 보험을 가입하셨던 분들이 그동안 내게 주셨던 믿음은 설계사로서 꼭 품고 있어야 할 존재의 이유가 된다.

나는 스스로를 그다지 능력이 뛰어난 사람이라고 생각하지 않는다. 다만 '본부장이 되면 일주일에 한두 번만 출근해도 되지 않을까' 따위의 생각은 하지 않았고, 어제보다 오늘 더 나은 사람이 되려고 매일 노력했다.

이렇게 부족한 나를 믿고 뛰어든 수많은 설계사들을 생각하면 지금도 가만히 앉아 있을 수가 없다. 그렇게 조직원들과 함께 호흡하면서 뛰고, 그들을 지지하는 모습을 보였기 때문에 주변에서 나를 조금이라도 인정해 주시는 거라고 생각한다.

그리하여 내가 다시 한번 약속하는 것은 앞으로도 계속 열심히 할 거라는 다짐이다. 여기에서 안주하지 않고, 자만하지 않고, 더 좋은 영업 환경을 만들기 위해서 고민할 것이고, 고민의 결과는 꼭 실천해 낼 것이다.

안본부의 핵심 정리 Chapter 3

활동 영역의 한계를 극복하라!

1. **'플레잉 코치'가 되라**

   | GA는 관리자와 현장 영업이라는 두 마리 토끼를 다 잡을 수 있는 곳이다.

2. **'투자 마인드'를 장착하라**

   | 도전의 결과는 '성공이거나 실패'가 아니라, '성공 혹은 배움'이다. 그러므로 도전하는 사람에게 실패란 없다!

3. **현장 밀착형 관리자가 되라**

   | 일하는 관리자, 움직이는 관리자가 되자. 그리고 무엇보다 현장에 환한 관리자가 되자.

   | 본부장이 되면 현장의 권한을 지점장들에게 위임하고 사업 방향을 정하는 일에 더 집중하자.

변함없는 키워드는 바로 '사람'이다.
우리는 사람을 만나고, 사람을 위하고,
사람과 함께하는 사람들이다.

Chapter 4

설계사에서 사업가로 성장하라

설계사로 영업을 시작했을 때부터 나는 내 사업의 사장, 대표라고 생각했다. 그래서 스스로 책임감이나 자립심을 키우려고 노력했다. 회사에서 일이 잘 풀리지 않으면 가장 고민하는 사람이 대표다. 경제적 책임 또한 대표가 가장 크게 진다.

근로소득세를 내지 않는 우리는 저마다 개인 회사를 차리고 일하는 것과 같다. 이는 늘 고객을 맞이할 준비가 되어 있어야 하는 음식점의 사장님과도 비슷하다. 특히 오픈하는 시간, 우리가 하루 일과를 시작하는 시간은 고객과의 가장 큰 약속이라고 생각한다. 음식점 사장님이 매일 아침 일찍부터 신선한 음식을 준비하듯 사장인 나도 영업 자료뿐 아니라 마음가짐도 새로이 하고 매일 아침 이른 시간에 부지런히 영업장을 열어 놓아야 한다.

혹시나 뭔가 궁금한 고객이 오전 9시에 출근하자마자 내게 전화를 했는데 그 전화를 놓친다면? 고객은 한 번 방문했을 때 문이 닫힌 가게를 다시 찾아오지 않는다.

'사업가 마인드'가 성공을 만든다

가끔 함께 일하는 조직원들에게 이런 말씀을 드린다.

"건설사로 따지면 여러분은 이제 막 사업을 시작한 신생 건설회사입니다. 여러분들을 관리하는 매니저들은 이미 중견 건설사에 해당하죠. 지점장, 본부장으로 올라갈수록 대규모의 건설사라고 볼 수 있습니다."

신생 건설사들은 할 수만 있다면 하나라도 더 배우고, 노하우를 얻어 내기 위해 중견 건설사나 대기업을 찾아가야 한다. 당연히 대기업이 편한 시간에 맞춰 찾아가고, 밥도 사는 등 투자도 해야 한다.

<u>나는 새로 일을 시작하는 설계사가 '사업가의 마인드'를 지니기 바란다.</u> 예를 들어 가끔 사무실에서 점심을 먹게 되더라도 관리자들이 밥을 사 주겠거니 생각해선 안 된다. 사실 관리자들은 팀원들에게 밥을 사 줄 의무가 없다. 마음의 부담마저도 가질 필요가 없다. 오히려 노하우를 배워 갈 팀원들이 점심을 사는 것이 맞다.

팀원들도 이것이 본인이 꾸려 나가는 사업이라고 생각한다면 관리자가 당연히 밥을 사야 한다는 안일한 생각을 절대 할 수 없을 것

이다. 대신 관리자들은 그 밥 사 주는 비용을 아껴서 조직원들의 영업에 도움을 줄 수 있는 방법들을 개발하고 투자하면 어떨까. 어차피 서로 사업가 대 사업가로 만난 우리들이다.

더불어 또 하나 자주 드리는 말씀이 있다.

"동네 개들과 어울리지 마십시오."

표현이 너무 극단적이어서 혹시 놀라시지는 않았는지. 하지만 내가 우리 본부 멤버들에게 자주 드리는 말씀, 그대로의 워딩이다. 물론 사람들을 비하할 의도는 전혀 없다. 이 정도 충격을 드려서라도 마인드를 바꾸고 싶을 따름이다.

FC들이 FC들과 어울리면 생각과 시각이 딱 FC에서 그친다. 나 역시 그랬다. 그러다 관리자가 되어 작으나마 팀을 꾸리게 되니 또 다른 세계가 내 앞에 펼쳐졌다. 더 나아가 300명이 넘는 조직의 본부장이 된 지금은 시각과 생각이 FC 때는 실로 상상도 못했던 영역까지 확장됐다. 건축에 비유하자면 높은 창공에서 넓은 조감도를 그릴 수 있게 된 것이다.

성공하고 싶다면, 돈을 더 벌고 싶다면 상위 관리자와 어울리고 그들처럼 생각하고 행동해야 한다. 내가 좀 더 높고 넓은 시각으로 세상을 바라보고 행동하면 바로 수익 구조가 탄탄해지는데 안 할 이유가 없지 않은가. 조언을 얻고 싶을 때는 좀 더 경험이 많은 사람, 성공한 사람의 조언을 들어야 한다. 같은 물에서 첨벙이는 이들과 이런저런 한탄을 하거나, 누구누구 맘에 안 든다고 뒷소리를 해 봤자 시간만

허비할 뿐이다.

주변에 긍정적, 발전적 에너지를 주는 사람을 찾아보자. 누구와 함께 있느냐가 매우 중요하다. 까마귀 노는 곳에 백로는 절대로 갈 필요가 없다.

지금 내 옆을 돌아보자. 누가 곁에 있는가?

GA 수수료의 비밀

앞에서 우리 일은 개인 사업과 같다는 이야기를 했다. 사업가들은 사무실, 즉 일할 공간을 마련하는 것에서부터 직원을 채용하는 일, 작게는 커피나 녹차 같은 것도 모두 스스로 준비해야 한다. 모든 것을 자율적으로 결정하고 경영할 수 있는 권리를 부여받은 것이다. 당연히 그에 따르는 경영 책임도 동전의 양면처럼 무겁게 따라온다.

그런데 전속사는 전체 영업 조직에 사무실 경비와 운영비를 지원한다. 게다가 친절하게도 지점장 활동비까지 책정된다. '지원'이라고 했지만, 사실 이건 정확한 표현이 아니다. 왜냐하면 이 모든 비용이 사실은 설계사들이 벌어 온 수익에서 나오는 것이기 때문이다. 설계사들이 보험 상품을 판매한 총 매출액에서 회사 운영비를 떼어 가는 것이다.

바로 이 '회사 운영비'가 GA와 전속사를 극명하게 가르는 지점이다. GA의 회사 운영비는 전속사보다 훨씬 적다. GA마다 조금씩 다르긴 하지만 대체로 전속사의 절반 수준이다. 나머지는 모두 설계사와 관리자에게 수당으로 지급된다. 같은 상품을 팔아도 GA와 전속사의 수당이 엄청난 차이를 보일 수밖에 없는 이유다.

　이런 이야기를 처음 들었을 때는 '설마'라는 말이 절로 나왔다. 하지만 다시 생각해 보니 고개가 끄덕여졌다. 최고급 호텔에서 받았던 여러 교육들, 럭셔리한 시책 여행들, 푸짐했던 각종 시상식들이 떠올랐다. 여기에 월세 비싼 시내 한복판에 있는 사무실 임대료와 내근직 직원의 급여, 기타 운영비까지 모두 우리가 벌어 온 수익에서 나왔던 것이다. 그러니 우리가 벌어들인 수익의 절반을 회사 운영비 등으로 떼어 갈 수밖에.

　반대로 GA에 처음 와서 느꼈던 아쉬움들이 그제야 이해가 갔다. 전속사에 비하면 섭섭할 정도로 소박한(?) 교육과 행사들, 10%도 안 되는 내근직 직원, 조직에서 알아서 마련해야 하는 사무실 비용까지. 전속사든 GA든 동일한 보험 상품 하나를 팔았을 때 수익은 같다. 그러나 GA는 사업비를 줄이고, 줄이고, 또 줄여서 나머지를 수당으로 지급해 주기 때문에 통장에 찍히는 금액이 달라지는 것이다. 당연히 더 큰 결실을 가져가고 싶다면 GA로의 행보를 고려하지 않을 수 없다.

　물론 전속사는 새파랗게 젊은 나를 처음으로 인정해 준 회사였다. 회사가 마련해 준 대형 시상식의 화려한 무대 위에 서서 상도 받고 소감도 발표하는 벅찬 순간도 많았다. 덕분에 피곤한 줄도 모르고 뛰어다니며 더 많은 성과를 이룰 수 있었다. 하지만 '사업가 마인드'로 판단해 보면 스포트라이트를 받으며 무대에 서는 것보다 내 주머니가

두둑해지는 것이 훨씬 더 좋다. 이제는 회사의 당근에 힘을 내는 직장인이 아니라, 스스로 조직을 책임지고 키워 가는 사업가가 된 덕분이다. 이 또한 GA가 내게 준 선물 중 하나라고 생각한다.

리더의 역할, '영업의 장' 열기

앞에서도 이야기했지만, GA의 가장 큰 매력은 바로 모든 FC 한 명 한 명이 리크루팅도 함께할 수 있는 분위기로 활짝 열려 있다는 점이다. 2016년 7월 GA로 활동 영역을 바꾼 후 초반 3개월은 계속 영업만 했다. 그러다 관리자라는 비전을 가지게 된 10월부터 맹렬하게 리크루팅을 하기 시작했다.

그렇게 2017년 3월, 24명의 설계사와 함께 새로운 지점을 열게 되었다. '챔피언 지점'이란 파이팅 넘치는 이름을 정했다. 당연히 거기서 멈추지 않았다. 9개월 뒤인 2017년 12월, 챔피언 지점은 70여 명 멤버들의 노력과 열정에 힘입어 본부로 승격되었다.

물론 이 과정에서 어려운 점도 있었다. 특히 대한민국 보통의 조직에서 고질적인 문제인 '나이와 경력 따져 줄 세우기' 문화가 큰 장벽이 되었다. 아직 내 나이 삼십 대 초반, 젊은 관리자다 보니 조직원의 30% 정도는 나보다 나이가 많다.

나이와 경력이 부족하니 오히려 확실한 실력과 리더십을 보여 줘야 했다. 그래야 조직을 장악하고 움직일 수 있었으니까. 리더인 나는 우선 조직원들이 마음 놓고 뛰어다닐 수 있는 영업의 장을 열어 주려고 노력했다.

상담력은 충분하지만 만날 고객이 없어서 고민하는 영업인들이 많다. 일단 고객을 만나야 아이스 브레이킹을 하던 클로징을 하던 할 텐데, 도무지 어디 가야 고객을 만날 수 있을지 오리무중이라는 것이다. 물론 관리자가 보기엔 답답한 고민이다. 전단지부터 손편지, SNS와 각종 온라인 사이트까지 스스로 고객과의 접점을 넓혀 온 내가 보기엔 더욱 그렇다.

그렇다고 관리자가 닥달하면 문제가 해결될까? 물론 나의 노하우를 알려 준다면 도움이 될 것이다. 하지만 나는 거기서 한 걸음 더 나아가기로 했다. 조직 차원에서 영업의 장을 만들어 주기로 한 것이다. 그렇게 공략한 곳 중 하나가 산모 고객님들이 정기적으로 가는 산부인과 병원의 인하우스 영업과 산모 교실이었다.

인생 전체의 사이클에서 임신 출산기는 한 가정의 경제 활동이 가장 활발할 뿐만 아니라, 새로운 식구를 맞아들일 생각에 삶의 계획을 수정하고 재배치하는 시기다. 즉 기존 보험을 변경하거나 새로운 보험 상품을 가입하기 쉬운 '인생의 전환기'라는 말이다. 나는 수많은 잠재 고객들이 있는 병원 산부인과에 우리 조직원들을 위한 영업의 장을 열기로 했다.

어느 정도 규모가 있는 병원의 산부인과에 가면 국가가 임신, 출산 비용 일부를 지원 해주는 바우처 카드인 '국민행복카드'를 발급받을 수 있는 부스가 상주해 있다. 국민행복카드를 발행하는 몇몇 카드사 중 한 곳과 계약을 맺고 해당 카드사 부스 옆에 우리 본부 상담 부스를 설치하기로 했다. 국민행복카드 상담을 마친 예비 부모들이 자연스럽게 태아 보험까지 상담받을 수 있도록 한 것이다.

결과는 기대 이상이었다. 태아 보험은 산모 누구나 관심이 있는 상품이었기 때문이다. 여기다 산모 교실까지 열어서 잠재 고객들을 초대하니 더욱 효과가 좋았다. 덕분에 우리 본부의 설계사들은 마치 물 만난 물고기처럼 고객들을 만나며 실적을 올릴 수 있었다.

급변하는 시대, 영업 또한 예전 같을 수 없다. <u>설계사 개개인이 고객을 만나기 위해 시간과 비용을 투자하는 것은 낡은 방식이다.</u> 비용과 노력이 분산되면서 '규모의 경제'를 이룰 수 없기 때문이다. 이럴 때 <u>본부 차원에서 영업의 장을 열어 주는 것이 바로 조직과 리더가 할 일이다.</u>

교육은 가장 확실한 투자다

　　리더인 내가 영업의 장과 함께 제공한 것은 충실한 교육이었다. 전 회사에서 받은 한 달간의 신입 교육은 내가 영업인의 기본을 다질 수 있는 소중한 시간이었다. 내가 근무했던 I사는 '보험업계의 사관학교'와 같았다. 옷차림부터 고객을 대하는 예절, 커뮤니케이션 화법들은 물론, 보험 지식과 경제 관념에 대해서도 철저하게 교육받았다.

　　그렇게 한 달 동안의 교육 후 수료식에서 드디어 자랑스러운 회사 배지를 받을 때, 우리는 교육 전과는 전혀 다른 보험 전문인으로 거듭나 있었다. 이렇게 본사의 합숙 교육을 거치고 나서 각 지점으로 돌아가서도 짜임새 있는 프로그램에 맞춰 지속적으로 전문적인 교육을 받을 수 있었다. 이런 교육은 영업을 하다가 난관에 부딪혔을 때마다 안전한 지붕 역할을 해 주었다.

　　이런 경험을 갖고 GA에 와서 가장 당황스러웠던 건 제대로 된 교육 시스템이 없다는 점이었다. 신입 설계사를 대상으로 한 본사 합숙 교육 과정이 있긴 했지만, 놀랍게도 선택 과정이었다. 조직의 리더로 성장하던 나는 고심 끝에 결단을 내렸다. 우리 지점, 우리 본부만의 자체 교육 프로그램을 만들기로 한 것이다. 물론 필요한 모든 비용은 내가 부담하기로 했다. 아니, 나에게 교육 비용은 부담이 아니라 투자였다. 나와 함께하는 조직원들에게 또 다른 영업 무기를 쥐어 줄 투자 말이다.

마음을 굳히자 바로 움직였다. 먼저 교육 과정에서 숙련된 교관이자 튼튼한 기둥이 되어 줄 관리자 15명과 한자리에 모여 서로 머리를 맞댔다. 수차례의 토론을 거쳐 최선의 교육 과목들을 엄선했다. 우리는 각자가 가장 자신 있는 분야를 맡아 교육 콘텐츠를 개발하기로 했다. 그러고 다시 모여 콘텐츠 회의를 했다. 그리고 회의, 또 회의⋯.

매달 입사하는 신입 사원들의 눈높이는 천차만별이다. 자란 환경도, 받은 교육도 판이하기 때문에 사고방식 또한 제각각일 수밖에 없다. 더구나 성인이 되어 받는 교육이니 생각과 태도를 바꾸기도 쉽지 않았다. 그래도 우리는 최선을 다했다. 전속사만큼의 전문 인력과 풍부한 지원은 없었지만, 현장에서 우리가 쌓아 온 노하우를 모두 갈아 넣었다. 하나의 교육이 끝날 때마다 설문을 통해 수정을 거듭했다. 그렇게 꼬박 2년 만에 우리는 지금의 안정화된 교육 커리큘럼을 만들게 되었다.

GA계의 보험 사관학교를 만들다

　이렇게 심혈을 기울여 완성한 <프라임에셋 197본부>만의 3주 차 신입 교육 과정을 간단히 소개하면 다음과 같다. 1주 차는 OT 주간으로 회사 소개와 더불어 보험 영업이라는 '정글' 속으로 첫발을 내디딘 신입들의 동기 부여 교육을 중점적으로 진행한다. OT를 마친 신입들은 보험 영업이 결코 쉽지 않으리라는 점을 자각하고 살짝 흔들리기도 한다. 이때를 놓치지 않고 실제 영업에 도움이 되는 노하우를 가득 담은 2주 차, 3주 차 교육이 이어진다.
　고객들에게 전화 연락하는 방법, 첫 상담 때 고객에게 다가가 공감대를 형성하는 요령, SNS를 통한 홍보 전략, 이미지 관리법 등의 실무교육과 함께 보장성 보험 이론, RP, 저축성 보험, 기본적인 금융 지식, 그리고 또 RP…. 여기다 틈틈이 지속되는 테스트에 대비해 팀별로 시험 준비를 하다 보면 3주간의 교육 일정은 어느새 끝을 맺고, 한결 다른 모습의 자신을 발견하게 된다.

20년 - 07차 197본부 신입교육 일정

시간 \ 일정	7월13일(월)	7월14일(화)	7월15일(수)	7월16일(목)	7월17일(금)
1교시 (09:00~09:40)	신입소개	팀 미팅	팀 미팅	팀 미팅	
강사	안주원 본부장	각 팀장	각 팀장	각 팀장	
2교시 (10:00~10:40)	세일즈 준비사항	보험 설계사의 인식	보장성보험 RP I	보장성/재무설계 RP	
강사	안주원 본부장	박OO 지사장	장OO 지사장	이OO 지사장	
3교시 (11:00~11:40)	억대 연봉을 위한 직업선택	설계사의 기본	3대질병의 기본과 중요성	어린이(태아) 보험 계약 노하우	생명보험자격시험 손해보험자격시험
강사	안주원 본부장	주OO 지사장	허OO 팀장	이OO 지사장	
4교시 (12:00~12:40)	두 다리의 중요성 (활동량)	가망고객 발굴 노하우	보장성 보험 RP I	실손의료비 개념정리	
강사	이OO 지사장	오OO 팀장	김OO 지사장	김OO 팀장	
5교시 (14:00~14:40)	SNS가 고인물이라고? NO! NO!	네이버 지식인 시장	보장성 보험 RP I	실손의료비 변천사 및 심화과정	
강사	이OO 지사장	정OO 팀장	홍OO 지사장	박OO 팀장	
6교시 (15:00~15:40)	소모임 시장	선배와의 대화 및 DB영업 노하우 공유	소개영업 및 고객관리	실손의료비 변천사 및 심화과정	
강사	양OO 팀장	박OO 팀장	홍OO 지사장	박OO 팀장	

시간 \ 일정	7월20일(월)	7월21일(화)	7월22일(수)	7월23일(목)	7월24일(금)
1교시 (09:00~09:40)	팀 미팅	팀 미팅	팀 미팅	팀 미팅	팀 미팅
강사	각 팀장	각 팀장	각 팀장	각 팀장	각 팀장
2교시 (10:00~10:40)	2시간으로 끝내는 증권분석	주력상품/클로징 멘트	재무설계 I	재무설계 RP	화재보험 기초 1
강사	장OO 지사장	안주원 본부장	장OO 지사장	홍OO 지사장	정OO 지사장
3교시 (11:00~11:40)	2시간으로 끝내는 증권분석 I	세일즈 스킬/ 증권분석 I	재무설계 II	재무설계 RP	화재보험 기초 2
강사	장OO 지사장	안주원 본부장	장OO 지사장	홍OO 지사장	정OO 지사장
4교시 (12:00~12:40)	어린이 보험 (태아 보험)	증권분석 2	종신보험 1000% 활용하기	저축성 RP	종신보험(보장+저축) 노후 상속 증여
강사	김OO 팀장	안주원 본부장	박OO 팀장	김OO 지사장	한OO 팀장
5교시 (14:00~14:40)	태아 보험 파헤치기	OK마이보험	지인영업& 소개영업 노하우	시험공부 및 RP 연습	시청각 RP(생보)
강사	정OO 팀장	장OO 지사장	이OO 팀장	각 팀장	한OO 팀장
6교시 (15:00~15:40)	보장성 보험 RP I	OK마이보험을 활용한 실제 상담사례	설계사에 대한 인식을 바꾸기	시험공부 및 RP 연습	시험공부 및 RP 연습
강사	양OO 팀장	김OO 팀장	이OO 팀장	각 팀장	각 팀장

20년 - 07차 197본부 신입교육 일정

시간 \ 일정	7월27일(월)	7월28일(화)	7월29일(수)	7월30일(목)	7월31일(금)
1교시 (09:00~09:40)	팀 미팅	팀 미팅			
강사	각 팀장	각 팀장			
2교시 (10:00~10:40)	TM 노하우 및 활동량	보험업의 비전 및 고객유치 노하우			
강사	최OO 팀장	김OO 지사장			
3교시 (11:00~41:40)	TM 노하우 및 활동량	개척영업이 가진 힘		가워킹 Start	
강사	임OO 팀장	이OO 팀장			
4교시 (12:00~12:40)	TM 출신의 실전 DB영업 노하우	동기부여			
강사	홍OO 팀 (직할)	이OO 지사장			
5교시 (14:00~14:40)	DB영업 노하우 및 투자마인드	시험공부 및 RP 연습			
강사	원OO 팀장	각 팀장			
6교시 (15:00~15:40)	시험공부 및 RP연습	시험공부 및 RP연습			
강사	각 팀장	각 팀장			

이렇게 3주 동안 이루어지는 우리 본부 신입 교육의 가장 큰 특징 중 하나는 '추천서 제도'다. 이름처럼 지인들에게 자신에 대한 추천서를 받아 오는 제도다. 추천서는 최소 30장, 능력이 되면 더 받아 올수록 좋다. 설령 이달 안에 입사하지 못하는 한이 있더라도 이것만큼은 꼭 지켜야 한다. 이렇게 많은 추천서를 요구하는 데는 이유가 있다.

새롭게 보험 영업을 시작하는 신입들이 가장 어려워하는 것은 사람들 앞에서 보험에 대한 '운을 떼는 것'이다. 상품, 영업 프로세스 교육에 RP까지 아침 일찍부터 밤늦도록 그렇게 열심히 교육을 받았는데도 막상 필드에 나가면 도무지 입이 떨어지지 않는다. 이건 '보험 아줌마', '보험 삼촌'으로 상징되는 예전 우리 사회의 잘못된 보험 문화에서 비롯된 바가 크다. 친분을 십분 활용해 식구 수대로 보험에 가입시킨 뒤 약속이나 한 듯 소리 소문 없이 사라져 버렸던 분들. 지금까지 남아 있는 이런 부정적인 이미지 탓에 누구라도 선뜻 보험 이야기를 하기 어려운 것이다.

하지만 추천서를 매개로 지인을 만난다고 생각해 보자. 신입 사원은 "이번에 보험 회사로 이직하게 됐는데 입사 과정 중에 레퍼런스 체크(평판 조회)가 있다. 추천서를 부탁한다"며 연락을 취하면 된다. 보험을 매개로 지인을 만나는 건 부담스럽지만, '추천서'를 써 주는 건 훨씬 부담이 덜하다. 추천서는 직접 만나서 수기로 받아야 하니 자연스럽게 "커피 한잔하며 이야기 나눌 수 있겠냐"는 말을 할 수 있다. 그러면 대부분은 오랜만에 얼굴도 볼 겸 부담 없이 만나 그 자리에서 손수 추천서를 써 준다.

이렇게 추천서를 받아 오는 과정은 교육받는 신입들에게 아주 중요한 경험이다. 그것은 필드 영업에 대한 두려움을 줄여 줄 뿐 아니라, 지인들에게 '내가 이제부터 보험 영업을 시작하게 됐다'는 새 소식을 자연스럽게 전달하는 계기가 된다. 보험이란 상품에 앞서 믿음을 쌓는 일이다. 그동안 신뢰할 수 있는 이미지를 쌓아 놓았다면 열 명의 지인을 만나 추천서를 받는 동안 보험 얘기를 한마디도 꺼내지 않는다 해도 최소한 한두 건 이상의 계약은 나올 것이다.

전속사의 강점인 교육 시스템을 GA에 접목하는 일은 그야말로 골수 이식에 비할 만큼 험난한 과정이었다. 하지만 그 효과는 무엇과도 비할 수 없이 컸다. <u>우리 조직의 성공 요인을 단 하나만 꼽으라면 나는 주저 없이 우리만의 교육 과정이라고 말할 것이다.</u>

우리의 조직 문화, '칭찬'과 '축하'

　GA 조직을 이끌면서 교육만큼이나 신경을 쓴 것은 '신바람 나는 조직 문화'였다. 전통이 짧은 GA에는 '신바람'은커녕, 아직 '조직 문화'라고 부를 만한 것도 없었다. 아니, 조직 문화에 앞서 조직의 규율을 잡는 것이 더 시급했다. 저마다 인생의 승부를 걸고 모여든 영업인들은 조금만 부딪쳐도 불꽃이 튀게 마련이었다. 거기다 회사에 '본부 영업 규정집' 따위는 존재하지 않았다.

　한번은 소속 팀을 바꾸고 싶어 하는 설계사가 생겼다. 내가 면담을 해 보니 정말 팀을 바꾸는 것이 좋을 듯했다. 그래서 내 책임하에 팀을 바꿔 주었더니 웬걸, 그동안 눌려 있던 불만 섞인 목소리들이 우르르 튀어나왔다. 결국 우리 조직의 규정을 만들고 카톡 등을 통해 수시로 공유하면서 겨우 질서를 잡을 수 있었다. 그러면서 우리만의 조직 문화를 본격적으로 고민하기 시작했다.

　먼저 나는 <u>우리 조직에 '칭찬'과 '축하'라는 키워드를 심기로 했다</u>. 전에 일하던 전속사의 문화에서 벤치마킹을 한 것이다. 거기에는 마치 중요한 의식처럼 자리 잡은 행사가 있었다. 주간, 월간, 그리고 연간 상위 업적자를 발표하고 축하하는 자리다. 이 자리를 통해 각 조직원들은 축하와 칭찬을 나누고 향후 나아갈 방향을 함께 정한다. 그리고 모두 주먹을 꽉 쥐며 파이팅을 외친다.

　이 '의식'이 중요한 이유 중 하나는 직접 앞에 나와서 마이크를 잡을 수 있는 기회를 갖는다는 것이다. 무대에 서서 지난주에는 어떻게 일했고, 어떤 과정을 거쳐 계약을 했는지 발표를 하고 축하를 받다 보면 뿌듯함과 의욕이 차오른다. 다음 주에도, 다음 달에도 또 한번 그 자리에 서고 싶어서 더욱 분발하게 된다. 아쉽게도 그 자리에 못 선 사람은 다음엔 꼭 서고자 의지를 불태우게 된다.

　이에 반해 GA는 매우 개인주의적인 조직이다. 도대체 지점에서 누가 실적 1등이고 누가 2등인지 알 수가 없다. 전산에도 나오지 않는다. 오로지 내 실적만 알 수 있다. 업적 공유 문화가 거의 전무한 셈이다. 마치 경쟁자 없이 혼자 달리는 고독한 레이스랄까. 당연히 고독한 레이스보다는 여러 명이 서로 경쟁하며 달리는 경기에서 기록이 좋아진다. 선의의 경쟁을 통한 칭찬과 축하가 내는 성과는 내가 직접 경험한 것이기도 하다.

　일단 마음을 먹었으니 이번에도 즉시 행동에 나섰다. 내가 직접 주문해서 본부 사무실에 누구나 볼 수 있도록 커다란 업적 현황판을 달아 놓았다. 본부가 생기고 처음 있는 일이었다. 그런 다음 데일리·위클리·월간 MVP, 3W 5주 달성, 월납 보험료 100만 원 이상의 실적을 올리는 이들을 대상으로 한 프리미어 FC 제도까지 다양한 시책을 걸었다.

    이러한 시책들은 더 큰 목표로 가기 위한 징검다리가 된다. 데일리 MVP부터 시작해 하나씩 이루다 보면 어느새 지점장, 본부장까지 이르게 된다. 물론 작은 목표라고 쉬운 건 아니다. 입사 이후 2년 동안이나 데일리 MVP조차 못한 FC가 있었다. 그러던 어느 날 드디어 최고의 일 보험료를 찍게 되었다. 하지만 아직 퇴근 두어 시간 전. 다른 사람이 더 높은 실적을 가져오면 데일리 MVP는 물 건너가는 것이다. 그는 잔뜩 긴장한 모습으로 자리에 앉아 시계만 바라보고 있었다. 드디어 퇴근 시간! 데일리 MVP가 확정되자 눈물까지 글썽였다. 이를 계기로 더욱 높은 실적을 올릴 수 있었음은 물론이다.

    우리 본부에 실적에 따른 시책만 있는 건 아니다. 평일 기준 만근을 하고 매일 1회 이상 SNS 업로드를 할 경우 시책으로 산모 교실이나 DB영업, 보장분석 데이터 같은 영업 무기를 제공해 드린다. 무슨 초등학교도 아니고 개근상을 다 주냐고? 앞서 말한 것처럼 나는 근태를 매우 중시한다. 제대로 성공하는 사람들 중 지각, 결근하는 사람들을 못 본 탓이다. 그런데 이건 말로만 독려한다고 되는 일이 아니었다. 그래서 먼저 출근을 잘할 수 있는 근무 환경을 만들고, 그에 따라 근태 상황이 괜찮은 이들에게 혜택을 주는 방향으로 운영의 가닥을 잡았다.

    이 모든 시책 비용은 내 수당에서 지불한다. 이 또한 사업가로서 나의 투자다. 앞서 GA 성공 원칙 중 하나로 꼽았던 '투자 마인드 장착'을 스스로 실천하고 있는 것이다. 지금까지 그랬듯 앞으로도 내 수입의 상당 부분을 우리 본부에 기꺼이 투자할 계획이다.

성공하는 GA 조직의 핵심 전략

영업의 장을 열고 교육 프로그램을 운영하며 '칭찬과 축하'의 문화를 만드는 것 모두 조직의 시스템을 구축하는 일이다. 앞으로 이야기할 다양한 영업 무기 구비와 SNS 마케팅 등도 그렇다. 그리고 이러한 <u>시스템을 통해 조직원들에게 성공에 대한 확신을 심어 주는 것이야 말로 성공하는 GA 조직의 핵심 전략이다.</u> 여기에 개인의 노력이 더해지면 성공은 저절로 따라오게 된다.

이렇게 시스템을 구축하고 핵심 구성원들을 적재적소에 배치하면 조직을 효율적으로 운영할 수 있다. 신입 사원 교육만 봐도 그렇다. 예전에는 신입 사원을 채용한 관리자가 한 달 내내 개인적으로 교육하고 관리하는 방식이었다. 지금은 20여 명의 관리자들이 3주 동안 전체 신입 사원을 분담해서 교육하는 시스템으로 운영된다. 관리자 입장에선 자신이 맡은 두세 시간만 투자하면 되니까 부담을 덜고 교육의 질은 높일 수 있었다. 신입 사원의 입장에서도 여러 관리자에게 다양한 교육을 받게 되니 만족도가 올라갔다.

여기에 선의의 경쟁을 펼치며 데일리·위클리·월간 MVP, 3W,

프리미어 FC, 관리자 승격 등의 성과를 거둔 동료들이 줄을 이으니 모든 조직원들이 '나도 할 수 있겠다'는 확신을 갖게 되었다. 시스템을 통해 성공에 대한 확신이 자연스럽게 공유된 것이다.

    확신이 생기면 사람들은 움직인다. 1%라도 성공의 가능성이 보이면 움직이는 것이다. 그러니 관리자가 되었다면 우선 시스템 구축을 서둘러야 한다. 그 시스템을 통해 조직원에게 성공의 확신을 심어 주어야 한다.

일도 놀이도 열정을 다해!

　각종 시책과 더불어 내가 특별히 신경 쓰는 것은 본부의 연도 대상 겸 송년회 행사다. 예전에 내가 가족들 앞에서 당당히 루키 챔피언을 수상했을 때 느꼈던 감격을 우리 본부의 설계사들에게도 전해 주고 싶었다. 가족에게 인정받은 경험이 힘들 때마다 나에게 얼마나 큰 힘이 되어 주었는지 모른다. 그래서 우리 본부에도 꼭 그런 무대를 마련해 주고 싶었다.

　재작년 송년회에는 총 2천만 원의 비용이 들었다. 물론 전액 사비로 준비했다. 지역에서 가장 크고 고급스러운 연회장을 빌려 훌륭한 음식을 나누고, 다양한 프로그램으로 웃음소리가 끊이지 않도록 기획했다. 행사 전에 가족들을 몰래 찾아가 영상을 준비하고, 몰래카메라도 준비했다. 그야말로 폭소와 눈물이 함께하는 현장이었다. 송년회를 통해 우리는 지난 한 해 동안 우리 조직의 성장을 보면서 한마음이 되었다. 돈이 하나도 아깝지 않았다.

　3개월에 한 번씩은 영화관을 통째로 빌려 '지인 초대 영화 상영회'를 연다. 물론 여기서도 영화만 보고 끝나지 않는다. 엔딩 크레디트가 올라가고 나면 우리 본부원들의 감동스런 영상편지, 또 부모님들의 영상편지가 이어진다. 미리 대관 시간을 4시간으로 잡아 놓기 때문에 다양한 프로그램을 진행할 수 있다.

또 하나, 우리 본부만의 비밀 병기인 봄·가을 야외 워크숍이 있다. 우리 본부는 소풍도 그냥 평범하게 가지 않는다. 놀 때도, 일할 때도 정말 화끈하게 하자는 것이 제1의 운영 방침이다. 재작년 에버랜드 워크숍의 드레스 코드는 복고로의 회귀, 교복이었다. 여기서 단 한 명도 빠짐없이 교복을 입고 나타난 기적이 일어났다. 학교 다닐 때의 설렘을 느껴 보기로 하고 기획한 이벤트였는데, 결과는 대성공이었다!

월드컵과 같은 큰 경기가 있을 때도 똘똘 뭉쳐 응원한다. 당연히 우리 본부의 모든 이들은 빨간 티셔츠로 불타오른다. 이 모든 것들이 사무실이 마냥 치열한 전투의 장이 아니라, 친구를 만나는 듯 반가운 마음으로 출근할 수 있는 분위기를 조성하기 위해 마련한 이벤트들이다.

누구 하나 소외되지 않고 신나게 일하는 조직이 되기를 바라며 하나씩 폭탄을 터뜨리듯 재미나게 진행한다. 그리고 이 모든 행사의 메인 기획자는 바로 본부장인 나, 안주원이다. 노력하는 자는 즐기는 자를 당할 수 없다고 했던가. 나 또한 신나게 노는 것을 좋아해서 깨알 같은 아이디어를 내고, 실행까지 이끌 수 있었다.

행사를 주관할 때마다 노는 것과 일에 대한 열정은 일맥상통함을 느낀다. 우리도 잘 알지 않는가. 모든 직업 중 유독 우리 영업인들이 가장 스펙터클하게, 가장 늦게까지, 가장 신나게 놀고도 아침에는 각자의 스케줄에 맞춰 벌떡 일어나 유유히 현장으로 떠난다는 것을. 그 놀라운 광경이 우리 본부에선 이미 흔한 풍경이다.

5년 후 3,000명 조직의 수장을 향하여

조금은 건방지게 들릴지도 모르지만, 처음부터 내 꿈은 '우리 지점 최고의 설계사', '우리 회사 최고의 조직' 너머에 있었다. 나는 마음속에서 '넘사벽'이라는 벽을 없앴다. 운동선수로 치면 처음부터 올림픽을 목표로 실력을 쌓는 것이랄까. 마음속 목표를 전국체전으로 두면 그 아래 레벨에서 머물 가능성이 백 퍼센트에 가깝다.

영업의 성과도 마찬가지 이치로 움직인다. 영업은 언뜻 몸으로 부대끼며 이루어 나가는 일로 보이지만, 한 꺼풀 벗겨 보면 고도의 멘탈 싸움이다. 마음속 한계를 어디로 잡고 있느냐에 따라 성과의 크기가 정해진다. 마음속 한계를 없앨 때 성과의 한계도 없어지는 것이다. 이것이 바로 리더십 연구의 대가 존 맥스웰(John Maxwell)이 『리더십 불변의 법칙』에서 말한 '한계의 법칙'이다. 그에 따르면 리더십의 크기가 곧 성공의 크기를 결정한다.

GA로 터를 옮기고 1년 5개월 만에 70명의 인력과 함께 본부로 승격되었다. 그 뒤로 2년이 지난 현재 300여 명의 조직원들이 오늘도 힘차게 출근하고 있다. 나의 1차 목표는 3년 안에 조직원 1,000명을 만드는 것이다. 2차 목표는 5년 뒤 3,000명, 그리고 1인당 생산성 100만 원에 도달하는 것이다.

너무 장밋빛 꿈이라고? 다시 한번 강조하지만, 나는 설계사들 지원에 있어서는 우리 본부가 대한민국 최고라고 생각한다. 필드에서 뛰는 우리 멤버들이 영업에만 집중해서 효율적으로 성과를 낼 수 있도록 다양하게 지원하고 있다. 이런 무기가 있기 때문에 전 조직이 자신 있게 리크루팅에 도전하고 있는 것이다.

리크루팅은 결코 나 혼자 해낼 역할이 아니라, 전 본부원들이 모두 나서서 해야 하는 일이다. 리크루팅이라는 업무의 형태가 따로 정해져 있는 것이 아니다. 내가 아끼는 지인, 또는 다른 어느 누구를 데려와도 자신 있다는 마음을 먹도록 환경을 만들어 주는 것, 그것이 관리자의 역할이자 폭발적인 조직 증강의 가장 큰 저력인 듯하다.

조금 더 원대한 꿈도 있다. 나의 활동지인 천안에 3층짜리 보험센터를 크게 만드는 것이다. 이곳이 천안에서 '보험' 하면 누구나 떠올리는 랜드마크가 되면 좋겠다. 설계사들이 고객을 찾아가는 지금까지의 영업 방식에서 한 걸음 더 나아가, 휴대폰을 구매할 때 고객들이 센터를 찾아오듯, 편안히 찾아와서 커피 한잔 마시며 재정과 보험 상담을 받고 또 필요한 상품이 있다면 바로 가입하고 AS까지 받을 수 있는 공간으로 만들고 싶다.

좀 더 구체적인 그림도 있다. 1층에는 300평 규모의 주차장을 마련해서 오고 가는 데에 불편함이 없도록 한다. 2층은 300평 규모의 보험 서비스 센터가 될 것이다. 3층은 사무 공간이다. 2층 보험 서비스 센터에서는 보험 상담, 보험금 청구 등 통합적인 금융 서비스가 이루어진다. 그리고 바로 옆에 대규모 키즈 카페를 마련해서 지역 주민 누구나 이용할 수 있도록 활짝 열어 놓겠다. 지역의 사랑방 역할을 할 수 있도록 말이다.

이 보험 센터가 누구나 편안하게 왔다 갈 수 있는 곳, 수시로 와서 보험 이야기를 듣고, 궁금한 것은 묻고 나눌 수 있는 공간이 된다면 우리나라 보험 문화가 바뀌는 전환점이 될 수 있을 것이다. 오늘도 내일도 극기 훈련하듯 한결같이 새벽 일찍 집을 나와 밤늦게 퇴근하는 것도 바로 이 원대한 꿈을 향해 가는 한 걸음이다.

꿈을 향한 길이 평탄하지 않을 거란 사실도 잘 안다. 지금까지 걸어온 길도 그랬다. 처음 본부로 승격되고 사무실을 구하는 것도 그랬다. 처음에는 80평쯤으로 생각했는데, 훨씬 더 크고 비싼 사무실로 계약했다. 또 한번 한계를 넘어서 목표를 세웠던 것이다. 마침 개인적으로 이사를 할 때라 정말 마이너스 통장까지 박박 긁어서 사무실을 계약했다. 그리고 본부가 자리를 잡을 때까지 5, 6개월은 수면제 없이 잠을 못 이룰 정도로 긴장되고 힘든 시간이었다. 그래도 우리는 결국 목표를 달성했고, 덕분에 200평 대의 넓은 공간에서 일하고 있다. 지금 사무실은 매월 들어오는 새로운 멤버들로 점점 비좁아지고 있다.

안본부의 핵심 정리 Chapter 4

설계사에서 사업가로 성장하라!

1. '사업가 마인드'가 성공을 만든다

| 성공하고 싶다면 상위 관리자와 어울리고 그들처럼 행동하라!

2. GA 수수료의 비밀

| GA 회사 운영비는 대체로 전속사의 절반 수준, 나머지는 몽땅 설계사와 관리자의 수당으로!

3. GA 리더의 역할

| 본부 차원에서 '영업의 장'을 열고 우리만의 교육 과정을 만들어라!

4. 우리만의 조직 문화 만들기

| '칭찬'과 '축하'를 키워드로, 일도 놀이도 열정을 다해!

[꿀팁②] 안주원 본부장 리크루팅 RP 메모 대공개!

　잘되는 GA 조직에선 누구나 리크루팅에 나선다. 리크루팅이야말로 개인의 한계를 훌쩍 뛰어넘을 수 있는 영업 방식이기 때문이다. 개인에게 주어진 하루는 누구나 24시간이지만, 내가 리크루팅한 사람들의 시간을 더하면 백 시간, 천 시간, 만 시간도 될 수 있다. 나를 통해 입사한 팀원들이 뛰는 시간 중 일부가 내 몫이 되는 덕분이다. 그렇다면 어떻게 하냐고? 채용 사이트 등을 이용해 사람을 모집하는 방법은 앞에 설명했으니, 이제부터는 구체적인 면접 노하우를 알려드리겠다.

1. 동기부여 – 당신이 영업인이 되어야 하는 이유

　면접에 온 상당수는 여전히 보험 영업에 대한 막연한 편견과 두려움을 갖고 있다. 난생처음 영업을 시작하는 사람이면 더하다. 이럴 때는 영업에 대한 동기 부여부터 시작하는 것이 좋다.

TIP **[꿀팁②] 안주원 본부장 리크루팅 RP 메모 대공개!**

[RP 메모] 보험 영업을 처음 시작하는 경우

나: "자, 가벼운 질문부터 드릴게요. 당신 앞에 두 가지 길이 있다고 합시다. 연봉 4천만 원의 안정적인 직장인, 그리고 기본급 0원의 보험 영업인. 그럼 어떤 선택을 하시겠습니까? 편하게 말씀하시면 됩니다."

지원자: "솔직히 말씀드리면, 연봉 4천만 원짜리 안정된 직장이 좋긴 하겠죠."

나: "좋아요. 보통 분들이라면 당연한 선택이죠. 하지만 한 걸음 더 들어가 생각해 봅시다. 연봉 4천만 원으로 30년 동안 직장생활을 했다고 합시다. 그럼 모두 14억 4천만 원이에요. 사실 이것만 해도 대단하죠. 그런데 그동안 지출은 어떨까요? 30년 동안 적어도 3대의 차량이 필요하니 대략 1억 원, 주택 5억 원, 자녀 둘을 낳았을 때 대학까지 교육비 6억 원에 안정된 노후 자금 7억 원까지… 어림잡아도 20억 원쯤이 필요합니다. 30년 동안 연봉을 한 푼도 안 쓰고 모아도 6억이 부족하군요."

지원자: "어, 그렇게 되나요?"

나: "그렇습니다. 그러니 연봉 4천만 원짜리 안정된 직장은 확실한 적자 인생이 예정되어 있는 셈입니다. 하지만 영업에 뛰어든다면 흑자 인생이 될 확률이 생기게 되죠. 더구나 저와 함께 보험 영업을 하게 되면 그 확률은 확 올라가게 됩니다."

이쯤에서 지원자의 눈빛이 반짝한다면, 상상하는 것 이상을 제시할 타이밍이다. 자연스럽게 연봉 이야기로 넘어가자.

> **[RP 메모] 상상 이상의 목표 제시하기**
>
> 나: "기존 회사에선 월급을 얼마나 받으셨나요?"
> 지원자: "200만 원이요."
> 나: "그럼 새로운 직장에서는 얼마를 벌고 싶으신가요?"
> 지원자: "200만 원보다는 조금 더 벌면 좋겠습니다."
>
> 경험상 대부분의 지원자들은 소박한(?) 희망을 피력한다. 이때 기대 수준을 확 올리면서 적극적 동기 부여를 하는 것이 좋다.
>
> 나: "이직을 해서 월에 10만 원, 20만 원 더 번다고 해서, 아니 100만 원, 200만 원을 더 벌어도 삶이 절대 변하지 않습니다. 이럴 거라면 굳이 보험 영업에 도전할 필요도 없죠. 목표를 크게 잡아야 합니다. 사람은 기대한 것 이상은 절대 이룰 수 없습니다. 더구나 우리 업계는 연봉의 상한선이 없습니다. 그러니까 지난 직장에서 200만 원을 받으셨다면 여기선 적어도 1,000만 원 이상을 목표로 하셔야 합니다! 그래야 억대 연봉을 받으실 수 있어요."
> 지원자: "아, 그런가요?"

[꿀팁②] 안주원 본부장 리쿠르팅 RP 메모 대공개!

나: "너무 돈 이야기만 하는 것 같나요? 그럼 꿈 이야기를 해 봅시다. 아마 마음속 버킷 리스트가 있으실 거예요. 잠깐 앞의 종이에 써 보시겠어요? 저는 보지 않을 테니 편하게 적으시면 됩니다. 가능하면 10개, 많으면 더 쓰셔도 됩니다."

지원자: "네, 다 적었습니다."

나: "좋습니다. 그럼 그중에서 돈이 없으면 이룰 수 없는 꿈을 하나씩 지워 보시겠어요?"

지원자: "네…."

나: "어떻습니까? 버킷 리스트 중 몇 개나 남았나요?"

지원자: "하나도 안 남았는데요"

나: "맞아요. 저도 그렇습니다. 우리의 버킷 리스트 중 돈이 없어도 이룰 수 있는 건 사실 하나도 없습니다. 그러니까 더 많은 돈을 버는 건 더 많은 버킷 리스트를 이루기 위해서도 꼭 필요한 일입니다."

이쯤에서 로버트 기요사키의 베스트셀러 『부자 아빠, 가난한 아빠 2』에 나오는 '현금흐름 4분면'을 보여 주면서 동기 부여를 마무리한다.

나: "지금 보시는 표가 투자가이자 베스트셀러 작가인 로버트 기요사키가 『부자 아빠, 가난한 아빠 2』에서 제시하는 '현금흐름 4분면'입니다. 그가 어렸을 때부터 아버지가 보여 주었답니다. 보시다시피

왼쪽은 봉급 생활자와 자영업자 혹은 전문직, 오른쪽은 사업가와 투자가입니다. 그는 진정한 경제적 자유를 얻기 위해서는 오른쪽, 즉 사업가나 투자가가 되어야 한다고 말합니다. 그래야 우리가 쉬는 동안에도 우리의 사업체나 투자처에서 돈이 계속 불어나니까요. 보험 영업인이 되는 것은 스스로 사업가가 되는 겁니다. 그중에서도 GA에서 일한다는 건 리크루팅을 통해 투자가가 되는 일이기도 합니다."

[현금흐름 4분면]

TIP [꿀팁②] 안주원 본부장 리크루팅 RP 메모 대공개!

2. 회사(본부) 소개 - 당신이 우리와 함께 일해야 하는 까닭

동기 부여가 어느 정도 되었다면 회사 소개 등 본격적인 면접에 들어간다. 여기서는 우리 본부에 해당하는 내용을 위주로 RP 메모를 구성했다. 구체적인 내용은 회사나 본부마다 다르니 각자 사정에 맞춰 수정하면 된다.

> **[RP 메모] 회사(본부) 소개**
>
> 나: "만약 월급 1,000만 원 이상을 목표로 잡으셨다면, 우리 본부야말로 가장 좋은 선택입니다. 정말 잘 오셨습니다."
> 지원자: "아, 그런가요?"
> 나: "당연하죠. 제가 몇 가지 이유를 말씀드릴게요. 우선 저희는 전속사가 아니라 GA 사무실입니다. 저희랑 제휴를 맺은 전속사만 30곳이 넘어요. 그만큼 다양한 상품이 있으니, 고객의 어떤 니즈라도 맞춰 드릴 수 있어요. 또한 GA는 전속사에 비해 수당이 훨씬 더 많습니다."
> 지원자: "네, 저도 알아보니 그렇더라고요. 그래서 지원하게 되었습니다."
> 나: "정말 잘하셨습니다. 우리 본부는 GA 중에서도 최고의 조건

을 자랑하거든요. 특히 신입 설계사 교육은 대한민국에서 저희가 최고라고 자부합니다. 전속사에 비해 GA는 교육 시스템이 약하기 때문에 저희는 심혈을 기울여서 자체 교육 프로그램을 개발했어요. 전속사처럼 딱딱하고 교과서적인 교육이 아니라 전국 영업 실적 1위에 빛나는 영업인들의 현장 영업 노하우로 꽉꽉 채웠습니다."

지원자: "오, 좋군요."

나: "좋은 건 더 있지요. 저희 조직문화는 '칭찬'과 '축하'예요. 이를 위해 시책도 다양하죠. 데일리•위클리•월간 MVP, 3W 5주 달성, 월납 보험료 100만 원 이상의 실적을 올리는 이들을 대상으로 한 프리미어 FC 제도까지요. 이걸 하나씩 달성하다 보면 어느새 억대 연봉자가 되어 있을 겁니다."

지원자: "네, 열심히 해 보겠습니다."

나: "바로 그겁니다. 열심히만 하시면 나머지는 저희가 다 알아서 밀어드릴 거예요. 다양한 고객 DB를 지원해 드리고요, 보장분석 프로그램을 제공하고 SNS 마케팅도 지원해 드려요. 저희한테 산모 교실, DB 영업, 보장분석 프로그램 등 다양한 영업 무기는 다 있으니, 받아 가서 열심히 싸우기만 하시면 됩니다."

3. 클로징 – 성공은 성공한 사람과 함께!

보험 상담만 클로징이 중요한 게 아니다. 리크루팅도 그에 못지

TIP   **[꿀팁②] 안주원 본부장 리크루팅 RP 메모 대공개!**

않게 강력한 클로징이 필요하다. 더구나 후자는 그 자리에서 계약서를 쓰는 것도 아니어서 얼마든지 마음이 바뀔 수 있다. 특히 지인들에게 보험 영업을 해도 괜찮을까 묻는 경우에는 결심이 흔들리기 쉽다. 우리 사회의 보험 영업에 대한 선입견이 그만큼 뿌리 깊은 탓이다. 그러니 이러한 클로징으로 확실한 인상을 심어 주자.

[RP 메모] 클로징

"성공하고 싶다면 성공한 사람을 찾아가서 조언을 얻으십시오. 인생의 가장 큰 걸림돌은 스스로 만든 고정관념입니다. 나의 생각을 모두 비우고 성공한 사람들의 생각을 꽉꽉 채워 넣으세요.

예를 들어 볼까요? 제가 치킨집을 창업하고 싶다고 합시다. 정말로 간절합니다. 그럴 때 누굴 찾아가야 할까요? 할 수만 있다면 백종원 대표님을 찾아가는 게 최선이겠죠. 제 간절함을 전달할 수만 있다면 백 대표님은 저에게 치킨집으로 성공할 수 있는 모든 노하우를 전수해 줄 테니까요.

그런데 만약 치킨집을 창업했다 실패하거나, 심지어 치킨집을 안 해 본 사람을 찾아가면 어떤 일이 벌어질까요? 그들은 저에게 치킨집의 어려움이나 실패담 같은 부정적인 말만 늘어놓을 것입니다. 치킨집 경험이 없지만 세상 모든 일을 안다고 생각하는 이들은 불경기 이야기도 할 겁니다. 하지만 지난 10년간 단 한 번이라도 경기가 좋다는 말을 들어 보신 적이 있나요? 그들의 말을 들으면 도저히 치킨집 창업에 뛰어들 수 없을 겁니다.

보험도 마찬가지입니다. 저에게 입사 면접을 보신 분들 중 집에 돌아가서 이름도 모르는 네이버 지식인에게 보험 설계사라는 직업에 대해 물어보는 경우가 있습니다. 혹은 주변 사람들 중 보험업을 시작했다가 실패했거나 보험을 시도조차 안 해 봤던 사람에게 물어보기도 합니다. 자기 인생에서 가장 중요한 선택의 기로에 놓여 있는데, 실패했거나 잘 모르는 사람들을 선택의 기준으로 삼는 걸 보면 참 답답합니다.

어떤 분야에서 성공하고 싶다면 그 분야에서 성공한 사람을 찾아가는 것이 가장 확실한 길입니다. 저는 보험으로 성공했으며 당신의 가능성을 봤습니다. 당신을 성공시켜 드리겠습니다. 우리 본부에는 이미 저와 함께 성공가도를 달리고 있는 16명의 지점장님들이 있습니다. 놀라운 점은 이분들이 평균 입사 1년 3개월 만에 지점장으로 승격되었다는 사실입니다. 덕분에 우리 본부에는 성공 에너지가 가득 차 있습니다. 그러니 성공하고 싶다면 우리와 함께 합시다!"

안본부의 핵심 정리 [꿀팁②]

안주원 본부장 리크루팅 RP 메모 대공개!

1. **아이스 브레이킹 - 당신이 영업인이 되어야 하는 이유**
   | 연봉 4천만 원 vs 기본급 0원 - 보험 영업에 대한 선입견 깨기
   | 당신의 희망 연봉은? - 상상, 그 이상을 제시하라!
   | 10가지 버킷 리스트 - 돈이 있어야 꿈도 있다
   | '부자 아빠'의 현금흐름 4분면 - 진정한 경제적 자유를 얻는 길

2. **회사(본부) 소개 - 당신이 우리와 함께 일해야 하는 까닭**
   | GA가 좋은 이유 - 다양한 상품, 높은 수당
   | 우리 본부가 좋은 이유 - 교육, 조직문화, 다양한 영업 무기

3. **클로징 - 성공은 성공한 사람과 함께!**
   | 보험 상담도 리크루팅도 클로징은 강하게!
   | 외식업은 백종원, 보험 영업은 안주원과 함께!

Chapter 5

영업의 신대륙, SNS 마케팅

바야흐로 SNS의 시대다. 21세기에 태어난 SNS는 폭발적인 성장세를 이어 가고 있다. 지금은 전 세계 인구의 거의 절반이 SNS를 이용한다고 한다. 더구나 보험의 핵심 고객인 20대~50대는 SNS의 핵심 유저이기도 하다. SNS가 보험 영업의 신대륙으로 떠오르는 것도 당연하다.

사실 보험 영업인 누구나 SNS가 중요하다는 사실을 알지만, 아무나 SNS 마케팅에 성공하는 건 아니다. 성공하는 SNS 영업의 핵심은 상품이 아니라 '나'라는 브랜드를 홍보해야 한다는 점이다. 초보 FC들이 저지르는 가장 흔한 실수 중 하나가 SNS에 '보험 신상품 출시'를 알리는 일이다. 보험 상품이 멋진 자동차도 아니고, 어떻게 딱 봐서 매력을 느낄 수 있겠나. 우리도 열심히 공부해야 알 수 있는 보험 상품의 장점을 어떻게 SNS를 보고 알 수 있겠나. 따라서 **SNS에 보험 상품 소개를 올리는 것은 자살 행위에 가깝다.**

그럼 SNS에는 무엇을 올려야 하나? '나'를 올려야 한다. 그것도 '잘난 나'가 아니라 '열심히 살고 있는 나'의 모습이어야 한다. 잘난 사람한테는 질투를, 열심히 사는 사람에게는 호감을 느끼는 것이 인지 상정이다. 열심히 살고 있는 나의 모습을 통해 평소 호감과 신뢰를 쌓아 놓으면, 보험이 필요할 때 SNS를 통해 문의가 들어오게 된다. 물론 매일 고생하는 모습만 올리라는 건 아니다. 지금부터 디테일한 노하우를 하나씩 풀어 드리겠다.

참고로 나는 30~50대 주부들의 주 무대인 카카오스토리와 20~30대 젊은 친구들의 인스타그램, 그리고 20~40대들을 많이 만날 수 있는 페이스북을 모두 한다. 세 가지 SNS를 연동해서 운영하면 적은 노력으로 큰 효과를 볼 수 있다. 지금부터 말씀드리는 SNS 영업 노하우도 이 세 가지 SNS를 운영하면서 하나씩 습득한 것임을 알려 드린다.

SNS, 나부터 즐기자!

내가 지금까지도 꼭 지키고 있는 SNS 마케팅의 제1원칙이 있다. 바로 '나부터 즐기자!'는 것이다. SNS에 텍스트와 이미지를 올리는 것이 절대 지겨운 숙제나 무거운 짐이 되어서는 안 된다. 이러면 아무리 즐거운 척해도 보는 사람들은 귀신같이 눈치챈다. '아, 이 친구 영업을 하고 있구나.'

SNS를 오래 하면 할수록 신기한 것이, 단순한 사진 한 장, 단어 하나만 보고도 내 마음 상태를 깨알같이 파악한다는 것이다. 목소리도 들을 수 없고, 체취도 느낄 수 없는 온라인 공간에서 감지되는 감성들은 실로 대단하다. 그러니 SNS를 올리는 내가 먼저 즐거워야 한다. 목표 의식을 가지고 하루하루 열심히 살아가면 뿌듯할 수밖에 없다. 다이어리에 깨알같이 적은 작은 목표를 하나씩 이루면 즐거울 수밖에 없다. SNS에는 나의 이런 모습을 올려야 한다. 그래야 나도 즐겁고 SNS 친구들도 좋아한다.

즐길 마음이 되었다면 이제부터 내 모습을 어떻게 연출할까 고민해야 한다. 어라, 연출이라고? 맞다, 연출! 이때의 연출은 거짓으로 꾸민다는 뜻이 아니다. SNS 친구들에게 매력적으로 다가갈 수 있도록 내가 가진 여러 모습 중 일부를 취사선택해서 보여 주란 말이다. 그러니 정확하게 말하면 연출이 아니라 편집이다. 우리는 모두 예능 프로그램을 통해 편집의 힘을 알고 있지 않은가. 물론 가식이란 덫을 피해 편집에 성공하는 건 쉬운 일이 아니다. 삐끗하는 순간 떨어지는 줄타기와도 같다. 하지만 SNS 마케팅을 위해서는 이 어려운 일을 해내야 한다. 쉽지 않지만 결코 불가능한 일도 아니다.

　나의 경우 아침부터 밤까지 모든 일정을 공유했다. 열심히 치열하게 살고 있는 나의 모습을 보여 주기로 한 것이다. 출근길부터 업무 시간 본부 회의 혹은 나 혼자 먹는 점심이라도 의미가 있다고 생각하면 올렸다. 혹시나 보는 사람이 부담을 느낄까 싶어 중간중간 센스 있는 단어나 유머를 가미했다.

가식 대신 진심을 '편집'하라

　이 과정에서 나는 무엇보다 진심을 담으려고 노력했다. 가식이 난무하는 SNS 공간에서 진정성이야말로 가장 중요한 덕목이다. 아이러니하지만 그렇다. 아니 가식이 난무하기 때문에 진정성이 더 소중한 것인지도 모른다. 진정성을 담는다고 내 모든 마음을 담을 필요는 없다. 보는 이들에게 긍정적 에너지를 주는 것, 때로는 위로와 공감을 주는 포스팅을 올렸다. 나름의 편집을 거친 셈이다. 나는 이런 식으로 '안주원'이라는 브랜드를 만들어 나갔다. 그러면서 여러 번의 시행착오를 거쳐 몇 가지 원칙을 정했다.

　<u>첫째, 흥미롭지 않은 내용은 과감히 삭제한다.</u> SNS 친구들이 원하는 건 정보가 아니라 재미다. 더불어 내가 재미난 것이라고 다른 사람들이 재미있어 하는 건 아니다. 이럴 때는 내가 아니라 철저히 SNS 친구의 눈높이에서 판단하는 것이 좋다. 입장을 바꿔 놓고 생각하는 거다. 만약 내 친구가 이런 포스팅을 올렸다면 나는 읽어 볼 마음이 날까? 보고 나면 '좋아요'를 클릭하고 싶을까? 그러니까 깔끔하고 간결하게, 어깨에 힘을 빼고 친근하게, 재미난 포스팅을 하나하나 쌓아

가는 것, 이것이 SNS 마케팅의 핵심이자 가장 어려운 과제다.

　둘째, 불만이 섞인 글을 올리지 않는다. 누구나 화날 때가 있고 그걸 SNS에 풀고 싶은 마음이 들 수도 있지만 마케팅을 위해서라면 그런 글은 일기장에 따로 쓰고 SNS에는 올리지 말아야 한다. 특히 특정인을 겨냥한, 소위 '저격글'은 절대 삼가는 것이 좋다.

　셋째, 빤히 보이는 홍보성 글은 올리지 않는다. 앞서 SNS에 보험 상품 소개를 올리는 건 자살 행위라고 이야기한 바 있다. 상품이 아니라 '나'를 브랜드화해야 한다는 이야기도. 하지만 여전히 "이번에 저희 회사에서 획기적인 보험 상품이 나왔습니다" 하는 문구를 필두로 올라오는 광고성 글을 볼 때마다 안타까움을 느낀다. 혹시나 보험 상품이 필요하더라도 이런 포스팅을 올리는 사람에게 문의할 확률은 거의 제로에 가깝기 때문이다.

지역 사회의 'SNS 스타'가 되자

마케팅을 위한 SNS 최고의 미덕은 '꾸준함'이다. 하루라도 빠짐없이, 일관된 콘셉트로, 그러나 다양한 방식으로 나의 메시지를 전달해야 한다.

우리 본부에 입사 후 첫 6개월 동안 일이 잘 안되었던 젊은 설계사가 있었다. 그의 이름은 이학수 FC. 25세에 일을 시작했는데 생각만큼 쉽지 않았던 것이다. 돈도 빽도 없는 젊은이가 가진 재산은 오로지 열정과 근면. 앞으로 매일 6시 30분까지 출근하겠노라 결심했다. 그리고 매일 아침 출근과 동시에 시계를 찍어 SNS에 올리기 시작했다. '세상아 덤벼라!' 하는 마음으로. 그렇게 6개월을 꾸준히 올렸다. 그러다 보니 슬슬 새벽 시계 사진이 올라오는 것을 기다리는 SNS 친구들이 생기기 시작했다. 과연 오늘도 이 이른 새벽에 사진이 올라올 것인가 하는 궁금증으로 말이다.

사실 아침에 일찍 일어난다고 해서 계약이 저절로 들어오는 건 아니다. 누가 급여를 높여 주는 것도 아니다. 하지만 점점 더 많은 사람들이 이학수 FC의 새벽 포스팅을 기다리게 되었다. 그리고 그의 열정을 응원하며 덕분에 자신도 동기 부여가 되었다는 댓글이 늘어나기 시작했다. 그는 사람들의 신뢰를 얻었고, 어느새 SNS 스타가 되었다. 그리고 지금은 팀원 10여 명을 이끄는 팀장이 되어 따로 사무실을 차려서 독립하게 되었다.

나와 우리 본부의 전 직원들도 활기차게 일하는 모습을 꾸준히 올렸다. 그러는 틈틈이 우리 본부에서 만든 영업 자료인 '인포그래픽 카드'들도 함께 올렸다. 물론 이것은 현란한 원색의 큰 글씨로 꽉 찬 상품 요약서가 아니다. 고객들에게 도움이 되는 보험과 금융 정보를 한눈에 보기 편하고 깔끔하게 디자인한 정보 카드다. 예를 들어 '미지급 보험금을 찾기 위한 체크 리스트'처럼 모두가 관심 있고 모두에게 도움이 되는 내용이다. 이런 자료들은 우리 본부원들의 훌륭한 영업 무기가 된다.

또한 이 무기를 모두가 동시에 휘두른다면 효과가 배가된다. 이런 자료를 전 본부원이 같은 시간에 SNS에 업로드하는 것이다. 그러면 우리의 영업 중심인 천안 지역의 SNS 친구들에게 동시에 노출되고, 이를 통해 우리 회사의 브랜드 파워를 끌어올리게 된다. 이런 방식으로 천안 지역 SNS 네트워크에 발을 들여놓고 있는 이들이라면 우리 본부를 모르는 사람이 없을 정도가 되었다. '프라임에셋 197본부'는 지역 사회의 'SNS 스타'가 된 것이다.

이는 천안이 작은 지역 사회이기 때문에 가능한 일이기도 하다.

만약 우리 본부가 서울에 있다면 구나 동 단위로 세분화시켜 마케팅 전략을 짜야 할 것이다. 이러한 <u>지역 공략 SNS 마케팅은 대도시에서 일하는 많은 설계사들이 놓치는 지점이다. 하지만 막상 실천해 보면 꽤나 힘 있는 방법이란 걸 알게 될 것이다.</u>

나는 처음 영업을 시작할 때부터 지금처럼 관리자가 되어 리크루팅을 할 때까지 일관성 있게 활동 지역 기반의 마케팅을 했다. 혹시 SNS로 연결된다 하더라도 지역이 멀면 영업으로 이어지기 쉽지 않다. 아무리 고객이 원한다 해도 천안에서 미국 보스턴까지 상담을 하러 갈 수는 없는 노릇이니 말이다.

리크루팅을 위해 SNS 친구 신청을 할 때는 현재 전속사에서 일하고 계신 설계사들을 1순위로 삼는 것이 좋다. 이들은 친구가 아니라 라이벌이지 않냐고? 여기서 발상의 전환이 필요하다. 전속사 FC들은 지금은 라이벌일 수도 있으나 언제든 나의 동료가 될 수 있는 사람들이다. 내가 전속사에서 GA로 옮긴 것처럼 이들도 잠재적 리크루팅 대상이란 사실을 명심해야 한다.

노출로 승부하되 수다쟁이는 되지 말자!

　SNS 포스팅의 기본은 정보다. 그것도 정성을 들인 정보. 거기다 재미와 매력도 있어야 한다. 그리고 무엇보다 자주, 꾸준히 올려야 한다. 그만큼 노출이 중요하다는 말이다. 그렇다고 포스팅을 자주 하면 자동적으로 노출이 많이 되는 게 아니다. SNS 친구들이 외면한다면 노출이 아니라 사장될 뿐이다.

　그러니까 생각나는 대로 하루에 여러 차례 왕창 포스팅을 하는 것은 노출에 전혀 도움이 되지 않는다. 포스팅을 한 번 하고 난 후, 얼마 안 있어서 또 하나의 포스팅을 하게 되면 내 정보가 노출될 확률이 이전 포스팅 대비 2분의 1, 혹은 그 이하로 줄어든다. 여기에도 '한계효용 체감의 법칙'이 작용하는 것이다. 따라서 <u>하루에 한 개, 혹은 시간차를 두고 2~3개 정도 알찬 내용으로 포스팅하는 것을 목표로 삼는 것이 좋다.</u>

　예를 들어 "힘내자!" 혹은 "내일은 내일의 태양이 뜬다" 같은 한 줄짜리 포스팅을 남겼다면? 두 번째 포스팅이 아무리 좋더라도 적어도 반나절 정도는 있다가 올리는 것이 노출에 훨씬 도움이 된다. 그

정도 시간을 기다릴 수 없다면 앞의 포스팅을 삭제하거나, '나만 보기'로 돌린 후 새로운 포스팅을 하면 노출 효과가 조금은 나아진다. 이처럼 포스팅할 때 일정 시간 간격을 두어야 한다는 원칙은 연속으로 글을 올린 뒤 받게 되는 '좋아요'나 하트 개수의 추이를 보면 쉽게 확인할 수 있다.

댓글도 아주 중요한 감정 마케팅 도구다. SNS도 사람이 하는 일이라 그 가상의 공간에서도 실제 우리가 사는 이곳 못지않게 스펙터클한 일들이 벌어진다. 때로 감정이 상하기도 하고, 비즈니스로 연결되어 큰 도움을 받기도 하고, 좋은 친구가 되기도 한다.

그중 가장 생동감 있게 움직이는 곳이 바로 댓글창이다. 또한 나를 어필하고 가상의 친구들에게 실제 '나'를 느끼게 해 줄 수 있는 직접적인 도구가 댓글이다. 따라서 댓글 운영에도 노하우가 필요하다.

나는 포스팅을 한 후 친구의 댓글이 올라오더라도 바로바로 답글을 달지 않고 시간 간격을 둔다. 여기에는 두 가지 이유가 있다.

첫 번째는 '노출 빈도'를 높이기 위해서다. 어떤 SNS든 처음 포스팅을 하면 반응이 빠르다. 많이 들어와서 읽고 '좋아요'나 하트를 누르고 나간다. 댓글이 올라오는 횟수도 잦다. 그러나 조금 시간이 지나면 어김없이 노출 빈도가 낮아진다. 중간에 내 포스팅이 공유되거나 리트윗된다면 달라질 수도 있지만 그런 일이 자주 일어나지는 않는다. 그래서 나는 포스팅을 올리고 하루나 이틀 뒤부터 답글을 달기 시작한다. 그럼 다시 다른 친구들의 타임라인에 나의 포스팅이 노출된다. 이런 방법으로 나의 글은 한 번 더 주목받을 수 있고, 더 많은 사람들에게 도달될 수 있는 것이다.

두 번째는 SNS에 머물러 있는 시간을 줄이면서도 효율적으로 이용하기 위해서이다. 댓글에 바로 답글을 달면 그다음 답글이 바로 올라올 확률이 높다. 이런 식으로 하다 보면 댓글창인지 카톡창인지 구분할 수 없게 된다. 시간과 에너지를 많이 썼지만 이 댓글창에 참여하지 않은 친구들은 울려 대는 알람 탓에 피곤하기 십상이다. 그러니 시간 간격을 두고 한꺼번에 답글을 다는 것이 여러모로 효과적이다.

마지막으로 내 포스팅에 달린 댓글에는 어떤 식으로든 반응을 보여 줘야 한다. 세상만사가 그렇듯 SNS 마케팅도 '기브 앤 테이크'가 기본이기 때문이다.

안본부의 핵심 정리 Chpater 5

영업의 신대륙, SNS 마케팅

1. **SNS, 나부터 즐기자!**

   | SNS 업로드가 절대 지겨운 숙제가 되면 안 된다.

2. **가식 대신 진심을 '편집'하라**

   | 흥미롭지 않은 내용은 과감히 삭제한다.

   | 불만 섞인 글을 올리지 않는다.

   | 빤히 보이는 홍보성 글을 올리지 않는다.

3. **지역 사회의 'SNS 스타'가 되자!**

   | 지역 사회를 기반으로 꾸준히 유익한 정보를 올린다.

   | 전속사 소속의 현직 설계사를 친구 1순위로!

4. **노출로 승부하되 수다쟁이는 되지 말자!**

   | 하루에 한 개, 혹은 시차를 두고 2~3개만 포스팅하자!

   | 답글은 시간 간격을 두고 몰아서 달자.

Chapter 6

당신만의 차별화된 무기를 만들어라

전속사에서 한 브랜드의 보험 상품만을 판매하다가 GA로 넘어오니 보험 업계의 대도서관에 온 것만 같은 느낌이었다. 정신을 차리지 못할 정도로 많은 30여 개의 회사, 그 회사들이 만들어 내는 수많은 종류의 보험들….

상품의 구조와 내용을 파악하는 건 기본이고, 각 사의 전산을 꼼꼼히 훑으며 익숙해져야 하는 것도 큰 숙제였다. 나처럼 보험이 너무나 재미있고 좋은 사람에게는 이렇게 거대한 '보험의 망망대해' 한복판에 떨어진 것이 새로운 기회가 될 수도 있을 것이다. 하지만 긴장의 끈을 늦춰선 안 된다. 자칫 모두 아는 듯 보이지만 아무것도 모를 수도 있기 때문이다.

또한 나한테만 이렇게 팔 수 있는 상품이 많아진 것도 아니다. GA에서 일하는 설계사라면 모두가 조건이 비슷하다. 그러니 경쟁은 더 치열해질 수밖에 없다. 더 치열해진 경쟁에서 이기려면 더 열심히 노력하는 수밖에 없다.

보험사 간 경쟁도 더 치열해져 새로운 상품이 나오는 속도로 빨라졌다. 몇 년 전까지만 해도 소액암으로 분류되었던 갑상선암도 5천만 원까지 진단비가 지급되는 상품이 나왔고, 너무 흔한 질환이 되어 예전에 사라졌던 특약들도 속속 다시 부활하여 신상품으로 출시되는 상황이다.

쏟아지는 상품의 홍수 속에서 살아남는 방법은 '선택과 집중'이다. 모든 상품에 백과사전적인 지식을 쌓기보다는 자신만의 전문 분야를 키우는 것이 유리하다. 예를 들어 교사, 공무원, 의사, 법인 등 특정 시장에 전문성을 키우거나 보상, 약관, 노무, 질병 등 특정 분야의 전문가가 되는 것이다. 그렇다고 이런 전문성만이 차별화된 무기는 아니다. 나만의 클로징 멘트나 깜짝 고객 선물도 차별화된 무기가 될 수 있다. 여기에 회사 차원에서 차별화된 무기를 공급한다면 금상첨화일 것이다.

나만의 클로징 멘트 & 차별화된 실천

보험 상담을 마치고 클로징을 할 때 고객님께 꼭 드리는 말씀이 있다. 이것은 그냥 RP처럼 입으로 외는 것이 아니라 매번 진심을 다해서 스스로 다짐하는 바이기도 하다.

"만약 보험금 지급 사유가 생긴다면 제 이름을 걸고 고객님 입장에서 철저히 챙기도록 하겠습니다. 모든 절차는 가능한 이틀을 넘기지 않도록 하고, 적극적으로 본사와 협의하고 수시로 확인하겠습니다."

다른 설계사님들도 나와 같은 마음일 것이다. 하지만 막상 상황이 닥쳤을 때 처리하는 방식은 케이스마다 차이가 크다. 사고나 질병 발생 시 회사 측의 실수로 보험금이 절반만 지급되거나 심지어 누락되는 경우도 많다. 모르면 그냥 넘어가게 되는 것이다. '아는 만큼 받는다'고나 할까. 내가 보상에 특히 신경을 쓰는 이유가 여기에 있다. <u>약관 하나하나, 보장 내용 하나하나를 꼼꼼히 살피고 필요하다면 '고객 편에 서서 싸워 이겨서' 보험금을 받아 드리는 것 또한 내가 하는 중요한 일이다.</u> 보험 가입부터 보상까지 원스톱으로 편하게 진행을 돕는 것이 우리의 할 일이다.

　나의 일은 여기서 끝나지 않는다. 예컨대 자동차 사고가 났을 때 내가 고객에게 충분히 조언해 드린 결과 합의 금액을 높게 받았다면, 이걸 인포그래픽 카드로 만들어서 SNS에 공유하는 것이다. 이걸 다시 우리 본부원들에게 공유해서 영업의 무기로 만든다. 보험 가입을 망설였던 고객들도 이 자료들을 눈으로 확인하고 계약서에 사인하게 된다. 이런 일들이 반복되면 나와 우리 본부의 브랜드가 자연스럽게 형성되는 것이다.

소개 요청도 차별화된 방식으로

　　클로징에 성공해 청약서에 사인을 하는 순간은 무엇보다 보람 있는 시간이다. 이 계약을 위해 지금까지 노력한 순간들이 주마등처럼 지나가면서 이제는 다 끝났다는 생각에 조금은 긴장이 풀어질 수도 있다. 그런데 이때가 또 다른 마케팅의 기회가 될 수 있다는 사실을 아시는지. 사인을 하는 고객도 긴장이 풀어지면서 마음이 넓어지기 때문이다. 특히 이때야말로 지인 소개를 부탁할 수 있는 결정적 타이밍이다.

　　그렇다고 무작정 부탁만 하면 효과가 없다. 자칫 고객에게 부담만 줄 수도 있다. 그래서 나는 우리 본부만의 서약서를 만들어서 활용하고 있다. 청약서를 쓰고 난 뒤 고객에서 서약서를 한 장 더 드리는 것이다. 여기에는 "제가 가입하지 않은 상품을 절대 권유하지 않겠습니다", "저희 가족이 가입하지 않은 상품은 절대 권유하지 않겠습니다" 같은 설계사의 다짐이 먼저 나온다. 그리고 '위반되는 사항이 있다면 기한에 상관없이 고객님께서 원하는 방법으로 보상해 드릴 것'을 서약한다. 여기까지는 정말 진심으로 고객에게 드리는 우리의 약속이다. 그리고 한 걸음 더 나아가 고객에게도 한 가지 서약을 요청드린다.

"담당 설계사가 위 사항을 성실히 이행할 경우, 양심적인 설계사를 만나 평생 관리받을 수 있는 행운에 보답하고자 OOO고객님께서는 OOO설계사에게 보험/저축이 필요하신 가족/지인분들을 2명 이상 소개해 줄 것을 서약합니다."

설계사의 다짐 이후에 나오는 소개 요청이기에 고객은 흔쾌히 받아들인다. 이때 분위기를 진지하고 무겁게 가져가지 말고 시종일관 유쾌하고 유머러스하게 가져가는 것이 중요하다. 그러면서도 대상은 구체적일수록 좋다. 계약 과정에서 알게 된 고객의 동생이나 지인을 콕 집어서 소개를 부탁하는 것이다. 이미 나를 믿고 계약을 한 고객은 자연스럽게 지인을 소개하게 마련이다. 나와 우리 본부는 이런 방식으로 이미 상당한 성과를 얻었고 앞으로도 얻게 될 것이다.

프라임에셋 챔피언본부

서 약 서

매월 28개의 보험회사를 비교/분석하여
고객님에게 적합한 최적의 컨설팅을 약속합니다.

01 **제가 가입하지 않은 상품은**
   절대 권유하지 않겠습니다.

02 **저희 가족이 가입하지 않은 상품은**
   절대 권유하지 않겠습니다.

03 매월, 28개의 보험회사 상품을 비교·분석하여,
   현 시점에서 가입할 수 있는
   최적의 상품을 권유할 것을 약속드립니다.

— 설 계 사 —

저는 상품을 팔지 않겠습니다. 양심을 팔겠습니다.
혹시나 위 3가지 사항 중, 위반되는 사항이 있다면 기한에 상관없이
고객님께서 원하시는 방법으로 보상해 드릴 것을 서약합니다.

— 고 객 —

담당설계사분께서 위 사항을 성실히 이행하였을 경우에는,
양심적인 설계사를 만나서 평생을 관리받을 수 있는 행운에 보답하고자
고객님께서는 _____ 설계사에서 보험/저축이 필요하신
가족/지인분들을 2명 이상 소개해 줄 것을 서약합니다.

년   월   일

계 약 자   (서 명)
설 계 사   (서 명)

서비스도 선물도 '한 걸음 더'

우리는 눈에 보이지 않는 상품을 판다. 들을 수도 만질 수도 자동차처럼 승차감을 느껴 볼 수도 없는 상품이다. 고객이 보고 듣고 느낄 수 있는 건 보험 상품이 아니라 눈앞에 있는 보험 설계사다. 다시 한번 이야기하지만 고객은 우리의 신뢰를 산 것이다. 당연히 모든 FC들은 고객의 신뢰를 얻기 위해 노력한다. 하지만 모두가 성공하는 건 아니다. 여기에도 남들보다 한 걸음 더 나아갈 수 있는 전략이 필요하다.

얼마 전 자동차 타이어를 점검하러 정비소에 갔다. 타이어가 펑크 나거나 문제가 생긴 것이 아니라 단순한 정기 점검이어서 따로 비용이 발생하는 것도 아니었다. 차에서 내려 사무실 안에서 보니 정비사분들이 정말 열심히 점검을 해 주시고 계셨다. 내가 큰돈을 지불하는 고객이 아닌데도 말이다. 내가 보고 있든 아니든 그저 최선을 다하고 계셨다. 타이어뿐 아니라 다른 곳도 꼼꼼히 점검을 했다.

기분이 참 좋아져서 감사 인사를 드린 후 차를 운전해서 나오는데, 정비사분들의 결정적인 모습을 보게 되었다. 백미러를 통해 보니 그분들은 떠나는 내 차를 향해 90도로 인사를 하고 계셨다. 내 차가 보이지 않을 때까지 그 자세를 유지하면서 말이다. 정비사님들의 마음이 느껴지는 순간이었다.

'고객이 정비를 마치고 나가실 때 꼭 90도로 허리 굽혀 차가 보이지 않을 때까지 유지할 것'이란 매뉴얼이 있을지도 모른다. 하지만 매뉴얼의 유무를 떠나 일하는 분들의 진심이 느껴졌다. 그 순간 나는 결심했다. 이런 정비사님들이 계시는 한, 이 정비소만 이용하겠다고 말이다. 이 정비소의 정비사님들은 한 걸음 더 들어가는 감동적인 서비스로 나의 신뢰를 얻는 데 성공한 것이다.

우리도 그럴 수 있다. 예를 들어 명절이나 생일 선물을 차별화하는 것도 가능하다. 남들과 똑같은 참치, 오일, 갈비 세트는 누구한테 받았는지도 모른 채 쌓이기 십상이다. 그렇다면 이렇게 해 보는 건 어떨까. **명절같이 뻔한 때가 아니라 전혀 예상치 못한 타이밍에 선물을 하는 것이다. 그것도 그 사람에 대한 나의 관심과 애정을 듬뿍 담아서.** 고객 혹은 잠재 고객의 취향과 니즈를 시시콜콜한 것까지 기억하고 있다가 선물하는 것이다. 예를 들어 호두과자를 좋아한다고 이야기한 고객에게는 우리 지역인 천안의 명물 호두과자를 몇 개 사서 지나는 길에 생각이 나서 들렀다며 맞춤 선물을 드리는 식이다.

사실 이것은 내가 쓰고 있는 방법이다. 이런 선물을 받게 된 고객은 우선 자기가 좋아하는 것을 세세하게 기억하는 설계사에게 감동을 받는다. 거기다 전혀 예상치 못한 순간의 선물, 그 환상의 엇박자가 더 큰 감동을 선사한다. 이런 감동이 신뢰로 자라나게 된다.

또 다른 차별화 무기, DB 영업

앞서 설계사와 고객의 접점을 넓히기 위한 본부 차원의 노력에 대해 언급한 바 있다. 산부인과 인하우스 영업과 산모 교실 등을 통해 상당한 성과를 거둔 것도 이야기했다. 우리 본부는 여기에 DB 영업을 더해서 설계사들에게 차별화된 영업 무기를 하나 더 마련해 주었다.

사실 DB 영업 자체는 그리 특별한 것이 아니다. 이미 너도나도 DB 영업을 하는 중이고 DB 판매 업체도 난립 수준이다. 우리는 여기에 하나를 더했다. 본부 차원에서 DB 업체와 제휴를 맺어 우리 본부만의 별도 DB 판매 사이트를 만든 것이다. 대신 이곳에는 본부 차원에서 검증을 거친 DB만 올리도록 했다. 시중에 넘치는 DB 중에는 상품 가치가 거의 없는 것도 수두룩하다. 심지어 재탕, 삼탕 재활용한 DB들도 많다. 그래서 설계사들이 DB를 구입하려고 해도 과연 어느 것이 믿을 만한 상품인지 확인하기 힘든 것이 현실이다. **우리는 본부 차원에서 검증한 DB를 설계사들에게 제공하고 있다.**

처음에는 확보한 DB를 설계사들에게 똑같이 분배해서 영업에 활용하게 했더니 성과가 시원치 않았다. 이상했다. 분명히 검증을 거친 DB였는데 말이다. 다음에는 전략을 바꿔서 발성이나 스피치가 DB를 활용한 텔레마케팅에 적합한 설계사 몇 명에서 몰아줘 보았다. 그랬더니 대박, 바로 성과가 나기 시작했다. 나중에는 "본부장님, 이제 DB 좀 그만 주세요. 상담이 너무 많이 잡혀서 시간이 없어요!"라는 즐거운 비명이 나오기까지 했다.

돌이켜 보니 애초에 DB를 똑같이 나눠 준 것이 문제였다. DB 영업은 처음부터 성과가 나오는 것이 아니었다. 처음 한동안은 거의 성과가 안 나오다 중반 이후 성과가 나오기 시작하면 폭발하는 과정을 거쳤다. DB를 골고루 나눠 주다 보니 미처 성과가 나오기 전에 끝나 버렸던 것이다. 일단 성공 케이스가 생기고 나니 너도나도 DB 영업에 뛰어들었고 이제 DB 영업은 우리 본부 또 하나의 차별화된 영업 무기로 자리 잡았다.

이렇게 하나씩 우리만의 차별화된 영업 무기를 쌓아 온 지금, 우리 본부의 설계사 지원 시스템은 국내 최고라고 자부한다. 물론 지금도 지속적으로 업그레이드 중이고 최대한 허수를 줄이고 내실을 다지고 있다. 본부 차원의 지원책에는 당연히 비용이 든다. 하지만 투자하지 않으면 조직은 성장하지 않는다. 내가 본부장으로 승격하면서 결심한 것이 있다. 앞으로 3년 동안 저축할 생각은 아예 버리고 수당의 30~50%는 우리의 조직에 투자하겠다는 것이다. 내가 이렇게 투자를 감행하면서 나타난 소중한 결과물 중 하나가 함께 일하는 설계사들이 눈을 뜨면 먼저 '일하러 갈 곳'이 생겼다는 것이다. 이것은 리크루팅을 위한 우리 본부의 가장 큰 차별화 무기이기도 하다.

> 안본부의 핵심 정리 Chapter 6

당신만의 차별화된 무기를 만들어라

1. 나만의 클로징 멘트 & 차별화된 실천
  │ 상품의 홍수 속에서 필요한 건 '선택과 집중'
  │ 백과사전보다는 전문 분야를 만들어라!

2. 소개 요청도 차별화된 방식으로
  │ 청약서 사인 시점이 지인 소개 요청의 결정적 타이밍
  │ 색다른 서약서를 활용해 유쾌하게 진행하라.

3. 서비스도 선물도 '한 걸음 더'
  │ 한 걸음 더 들어간 서비스가 신뢰를 얻는다.
  │ 선물 하나도 남들과 달리, 예상치 못한 타이밍에!

4. 또 다른 차별화 무기, DB 영업
  │ 본부에서 검증하고 성공 케이스 만들기

Chapter 7

실행에 집중하라

사무실에 있다 보면 다이어리를 펼쳐 놓고 계속 이 펜 저 펜 바꿔가면서 뭔가 기록하는 사람들이 있다. 무엇을 정리하는 걸까. 굉장히 심각한 표정으로 이리저리 수첩을 뒤적거린다. 그런가 하면 어떤 이는 회의가 끝나자마자 일단 가방 들고 훌쩍 밖으로 날아간다. 지금 저 가방 안에 자료나 잘 챙겨 가는 걸까 살짝 걱정될 정도다.

우리 보험 영업인들은 결국 실행을 하면서 살아 나가야 하는 사람들이다. 기획력보다는 실천력이 절대적인 파워를 발휘하는 직업이다. 축구 경기를 할 때 제아무리 좋은 경기력과 팀워크를 보여 주고 슈팅과 패스 또한 상대 팀에 비해 압도적이었다 하더라도 골을 넣지 못하면 지는 것이다. 득점에 앞서야 이기는 게임이 바로 축구이기 때문이다.

우리도 마찬가지다. 상담 스킬도 중요하다. 고객과의 공감과 소통 또한 얼마나 소중한 일인지 모른다. 그러나 결국은 팔아야 한다. 고객 관리를 아무리 잘한다고 해도 그것 때문에 회사에서 급여를 높게 지급하지는 않는다. 우리는 판매하면서 실력을 증명하고 업적으로 보여 주어야 하는 일을 하고 있다. 결국, 문제는 실행이다.

루틴을 만들고 도를 닦듯 반복하라

영업을 시작하는 신입들을 처음 만난 자리. 말할 수 없이 초롱초롱한 눈빛으로 자신감을 뿜어내는 모습도 좋지만, 나는 조금은 부족하고 모자란 듯 보여도 열심히 따라오려는 의지를 보여 주는 쪽을 선호하는 편이다.

보험업은 단순한 사람들이 성공한다. 실제로 신입 교육을 하다 보면 군대 못지않게 별의별 사람이 다 모인다. 그런데 그중에서 끝까지 남아 성공하는 사람들의 면면을 잘 살펴보면 처음 배운 그대로 우직하고 성실하게 실천하는 사람들이다.

더 거칠게 표현하자면 시키면 시키는 대로 다 하는 사람들이 언젠가는 꼭 성공했다. 그들은 결국 삶 자체가 달라졌다. 덕분에 좀 더 넓고, 다른 세상을 볼 수도 있게 되었다. 이들을 보면서 역시 영업은 생각이 아니라 행동으로 승부하는 일이라는 것을 새삼 깨닫는다. 간절하면 곁에서 함께 잘되기를 응원하고 도와주게 마련이다. 이렇듯 영업은 혼자 하는 일이지만 혼자만의 문제가 아니기도 하다.

간절한 마음으로 사선(死線)을 긋고 일하는 이들을 본 적이 있는

가? 그런 사람들이 뿜어내는 독특한 오라가 있다. 독이 올라서 바르르 떨며 내 이익만 가져가는 모습은 아니다. **이들은 모든 일과와 행동에 루틴을 만들고 도를 닦듯 끝없이 반복한다.** 그러면서 혹시나 모를 돌발 상황에도 대비책을 마련해 두고 일한다.

이러한 오라는 주변에 긍정적인 에너지로 도달하게 된다. 덕분에 같은 공간에서 좋은 영향을 주고받을 수 있는 분위기가 절로 형성되는데, 이것이 바로 '선한 영향력'이다.

실행의 추진력, 상품에 대한 확신

아무리 루틴을 잘 만들고 도를 닦듯 반복해 습관이 되었다 해도 기본적인 추진력이 없다면 실행이 지속되기 힘들다. 반대로 추진력이 충분하다면 루틴이 조금 부족하더라도 강력한 실행력을 갖출 수 있다. 그렇다면 실행을 추동하는 가장 강력한 힘은 무엇일까? 개인적인 간절함이나 목표를 향해 가는 힘도 있겠지만, 상품에 대한 확신만 한 것이 없다고 생각한다. 상품에 대한 확신이란 곧 좋은 상품이라는 확신이다. 이렇게 좋은 상품을 하루라도 빨리 고객들에게 소개해야 한다는 마음이 든다면 몸은 저절로 움직이게 된다.

우리 본부 박성희 팀장님이 그랬다. 늘 성실한 박 팀장님은 월평균 15건 계약에 월납 보험료 150만 원이라는 실적을 올리고 있었다. 결코 나쁘지 않은 성적이었지만, 그 이상으로 올라가는 일도 없었다. 그러던 어느 날, 박 팀장님은 새로 나온 S생명의 보험 상품에 강한 확신을 갖게 되었다. 그러자 움직임이 달라졌다. 씻는 시간까지 아껴 가며 하루 14시간씩 고객들에게 상품을 알린 것이다. 결과는 놀라웠다. 단 2주 만에 계약 82건과 월납 보험료 800만 원. 지금까지의 한계를 훌쩍 뛰어넘는 성과를 거둔 것이다.

상품에 대한 확신을 심어 주는 것은 리더의 역할이기도 하다. 우리 조직에서는 나뿐만 아니라 다른 관리자와 본부 차원에서 상품에 대한 철저한 분석을 통해 개별 설계사들이 확신을 가질 수 있도록 돕고 있다. 덕분에 조직원들의 실행력 또한 높아지고 있다.

실행력을 점프시켜 주는 노하우 3

상품에 대한 확신으로 실행의 추진력을 갖췄다면, 실행력을 점프시켜 주는 실질적인 노하우 몇 가지를 정리해 보자. 이것들은 모두 내가 실제로 시행해 본 후 좋은 결과를 얻었던 것들이다.

첫째, 모든 계획을 세분화한다. 목표를 세밀하게 나누고 시간 또한 잘게 쪼갠다. 예를 들어 '이번 달 30명의 신입 선발과 교육을 진행한다'는 커다란 상위 목표를 세웠다면, 이를 그대로 머릿속에 입력하지 않는다. 30명의 신입 멤버를 리크루팅하기 위해서 나는 하루에 몇 명과 미팅을 하고, 본부의 관리자들과 함께 주 몇 회의 점검 미팅 시간을 갖고, 함께 몇 번을 외부로 나갈 것이라는 등 세부 계획까지 촘촘하게 설계한다.

이러한 세부 계획은 모두 '달성 가능한 것'들로 채워야 한다. 작은 계획들을 차례로 성공시키면 긍정의 힘이 생겨 추진력이 극대화된다. 작은 성공 경험들은 의욕을 불태울 에너지가 되는 것이다.

둘째, 모든 계획은 반드시 기록한다. 요즘은 휴대폰을 한 대 이상 다들 가지고 있고, 하루 일과나 할 일 리스트도 휴대폰으로 관리하는 이들이 많다. 알람 기능까지 있으니 이보다 더 좋은 플래너는 없을 것이다.

나 또한 중요한 약속은 휴대폰에 저장하여 미리 점검한다. 그러나 휴대폰 외에 꼭 다이어리를 가지고 다닌다. '글로 쓰는 것'만의 놀라운 힘이 있기 때문이다. 실제로 펜을 들어 글로 적으면 그냥 머릿속으로 생각하고 있었을 때보다, 휴대폰에 입력했을 때보다 성취도가 높다.

지금이라도 빨리 책꽂이에 꽂혀 있는 수첩을 빼서 펼쳐 보자. 수많은 계획을 글로 적으면서 머릿속으로는 실행 과정을 상상해 본다. 그 후 완료된 것을 색깔펜이나 형광펜으로 하나씩 지워 나가면 시각적인 성취감을 얻을 수 있다. 내가 체험한 '기록의 신비'를 모두가 꼭 경험해 보았으면 좋겠다. 실제로 실행력을 높이는 데 이만한 방법이 없다.

셋째, 모든 일정은 디데이의 역순으로 수립한다. 예를 들어 디데이가 11월이고 지금이 7월이라면, 오늘부터 할 일을 순서대로 적는 것이 아니라 11월의 디데이부터 이루어져야 할 일들을 역순으로 적는 것이다. 여기에는 두 가지 효과가 있다. 우선 이렇게 해야 누락되는 일 없이 일정을 가장 효율적으로 짤 수 있다. 더불어 초반의 기초공사를 탄탄히 할 수 있는 여유를 갖게 된다. 당연히 업무의 퀄리티가 높아지게 된다.

우리 영업인들의 시계는 거꾸로 간다.

결국, 영업은 '하는 것'이다!

나는 매월 SNS에 개인 수당을 공개한다. 벌써 3년째다. 월 1천만 원대부터 시작해 1억 원대까지 올라가는 과정을 가감 없이 보여 드렸다. 치기 어린 돈 자랑이 아니라, 노력하면 누구나 이렇게 받을 수 있다는 것을 알려 드리고 싶었다. 이것은 또한 내가 3년 뒤 1,000명의 조직원, 그리고 5년 뒤에는 3,000명의 초대형 조직을 만들겠다는 선명한 꿈에 한 걸음 더 다가가기 위한 채찍질이다. 나는 목표를 단 한시도 놓아 본 적이 없다. 뚜렷한 목표가 있고, 작은 성공부터 차근차근 경험하다 보니 가속이 붙었다. 여기에 수당 공개는 동기 부여의 기회가 된다.

우리는 영업을 '한다'라고 말한다. 영업을 '짠다' 혹은 영업을 '계획한다'라고 하지 않는다. 그렇다. 영업은 그저 생각하고 기획하는 것이 아니다. 영업은 '하는 것'이다. 그러니 영업에는 잠시도 쉼이 없다. 어느 보험사가 "자, 이번 달은 휴가철이니까 모두들 영업 안 하셔도 됩니다"라고 하는 것을 본 적이 있는가. 그런 경우는 없다.

영업은 했다 안 했다 할 수 있는 것이 아니다. 끊임없는 실천, 실행이 바로 영업이다. 그래서 나 또한 이번 달에도 계속 영업의 페달을 밟아 나가는 것이다. 결국, 영업은 '하는 것'이다.

> 안본부의 핵심 정리 Chapter 7

실행에 집중하라

1. 루틴을 만들고 도를 닦듯 반복하라

| 배운 그대로 우직하고 성실하게 실천하자.

2. 실행의 추진력, 상품에 대한 확신

| 상품에 대한 확신이 생기면 몸은 저절로 움직인다.

3. 실행력을 점프시켜 주는 노하우 3

| 첫째, 모든 계획을 세분화한다.

| 둘째, 모든 계획은 반드시 기록한다.

| 셋째, 모든 일정은 디데이의 역순으로 수립한다.

4. 결국, 영업은 '하는 것'이다!

TIP

[꿀팁③] 안주원 본부장의 지인 소개 영업 노하우 대공개!

우리나라만큼 지인 소개 영업이 중요한 곳이 또 있을까. 대한민국의 거의 모든 비즈니스는 '니즈'가 아니라 '관계'에서 출발한다. 네덜란드의 폰스 트롬페나스(Fons Trompenaars) 박사의 연구 결과만 봐도 그렇다. 그는 "친구를 위해 법정에서 거짓말을 할 용의가 있는가?"라는 질문을 38개국의 사람들에게 던졌고, 한국은 74%가 "그렇다"는 대답을 함으로써 압도적 1위를 차지했다. 이런 사회에서 보험 영업이란 상품을 팔기 전에 관계를 맺는 일이다. 그렇다면 누구와 어떤 관계를 맺어야 할까? 현장에서 내가 체득한 노하우 몇 가지를 전한다.

1. 일단, 움직이자!

요즘 영업자들은 엉덩이가 무겁다. 인터넷과 SNS가 발달한 탓인지 모든 것을 사무실에서 해결하려고 한다. 하지만 지인에게 보험 상품을 팔기 위해 혹은 사람을 소개받기 위해서는 무엇보다 일단 만나야 한다. 무슨 핑계로 만나냐고? 지금 당장 서점으로 달려가 인기 있

TIP 　**[꿀팁③] 안주원 본부장의 지인 소개 영업 노하우 대공개!**

는 시집이나 에세이 10권을 사라. 표지 뒤에 나오는 여백에 지인에게 주고 싶은 메시지를 적어라. 그리고 지인에게 전화를 걸어서 "서점에 갔다가 네 생각이 나서 한 권 샀어. 지금 네 사무실 근처 지나는 길인데 잠깐 커피 한잔할까?" 하고 연락해라.

　물론 책 속 메모에 보험 이야기는 한마디도 없어야 한다. 대신 지인에게 필요한 말, 도움이 되고 위로가 될 만한 말을 적는다. 당연히 그만큼 평소부터 관심을 갖고 있어야 한다.

2. 한 걸음 더 챙겨라

　고객들의 생일을 챙기는 건 어느 설계사나 하는 일이다. 그렇다면 고객의 가족 생일은 어떨까? 이때 간단한 선물을 보내는 것도 좋지만, 전화나 문자를 통해 가족의 생일을 리마인드시켜 드리기만 해도 효과는 충분하다. 이런 식으로 가족의 생일을 챙기면, 적어도 1년에 3~4회 정도는 고객과의 접점이 생기게 마련이다.

　고객과 연락을 할 때도 한 걸음 더 들어가 신경을 쓰는 모습을 보여 주는 것이 좋다. 예를 들어 자녀나 반려동물의 안부를 묻거나,

아예 OO이 어머니, 혹은 OO이 집사님이라고 불러 드리면 더 좋아하는 경우가 많다.

3. '키맨'을 찾아라!

지인 영업이라고 해서 모든 지인에게 동일한 관심을 쏟을 수는 없다. 물리적으로 불가능할 뿐 아니라 전략적으로도 바람직하지 않다. 여기에도 '선택과 집중'이 필요하다. 지인들을 잘 살펴보면 다른 사람들에게 활발히 소식을 전하고 소통하는 이들이 있을 것이다. 동네의 모든 소문을 모아서 손님들에게 전달하는 동네 미용실 아줌마처럼 말이다.

이런 분들은 각종 소문을 전할 뿐 아니라 남에게 충고와 조언도 아끼지 않는다. 여기다가 평소 금융과 보험에 대한 관심까지 있다면 금상첨화다. 이런 분들을 선택해서 집중적으로 관심을 쏟고 투자를 해야 한다. 예상치 못한 타이밍에 흘리듯 이야기했던 선물을 안기고, 우연히 생각난 듯 위로가 되는 메시지를 담은 책을 드린다. 그렇게 해서 이런 분을 '나만의 키맨'으로 만들 수 있어야 한다. 그렇다면 그분

[꿀팁③] 안주원 본부장의 지인 소개 영업 노하우 대공개!

은 나를 대신하는 자발적 영업사원이 될 것이다

4. 먼저 전문가로 인정받아라

우리가 지인 영업을 하는 건 궁극적으로 보험 상품을 판매하기 위해서다. 하지만 처음부터 보험 상품 이야기를 꺼내면 오히려 역효과만 나기 쉽다. 보험 이야기가 효과를 발휘하기 위해서는 우리가 먼저 보험과 금융 전문가로 인정을 받아야 한다. 오프라인 만남이나 유선 연락을 통해 관계를 이어 가면서 SNS에서는 우리가 현장에서 치열하게 일하는 모습을 공유함으로써 전문가 이미지를 쌓아야 한다는 말이다. 때로는 누구에게나 유익한 정보를 올리는 것도 좋다. 이렇게 전문가로 인정을 받기까지는 시간이 필요하다. 그러니 지인에게 보험 전문가로 인정받고 있다는 느낌이 들기 전에는 가급적 보험 이야기를 피하는 것이 좋다. 전문가로 인정을 받게 된다면 보험이 필요한 순간 지인이 먼저 연락을 해 올 것이다.

안본부의 핵심 정리 [꿀팁③]

안주원 본부장의 지인 소개 영업 노하우 대공개!

1. **일단, 움직이자!**
   | 책은 훌륭한 만남의 도구가 된다.
2. **한 걸음 더 챙겨라**
   | 고객의 가족과 반려견까지 챙겨라.
3. **'키맨'을 찾아라!**
   | 지인 영업도 '선택과 집중'이 필요하다.
4. **먼저 전문가로 인정받아라**
   | 지인이 먼저 보험 이야기를 꺼내도록 만들어라.

Chapter 8

6가지 법칙으로 리더십을 키워라

자본주의 사회에서는 혼자 열심히 노력한다고 성공하기 쉽지 않다. 운이 좋아 성공하더라도 그 크기는 작을 수밖에 없다. 혼자서 이룰 수 있는 업적은 한계가 명백하기 때문이다. 누구나 마음속으로 꿈꾸는 큰 성공을 이루기 위해서는 조직을 만들고 성장시켜야 한다. GA도 마찬가지다. 아무리 발군의 영업 능력을 보인다 해도 혼자 이룰 수 있는 성과는 한계가 뚜렷하다. 하지만 리크루팅을 통해 조직을 만들고, 시스템을 통해 조직을 키운다면 성공은 어떠한 한계도 벗어난다. 이렇게 조직을 만들고 키우기 위해 가장 필요한 능력이 바로 리더십이다. 이는 혈혈단신으로 시작한 내가 300명 이상의 조직을 만드는 과정에서 뼈저리게 경험한 바다.

GA에서 성공하고 싶은가? 그렇다면 지금까지 내가 이야기한 GA 성공의 7가지 원칙을 충실히 지켜라. GA에서 더욱 크게 성공하고 싶은가? 그렇다면 거기에 리더십을 더하라. 아래의 법칙들은 리더십의 고전이자 세계적 베스트셀러인 존 맥스웰의 『리더십 불변의 법칙』에 나오는 리더십 법칙들 중 내가 GA 현장에서 효과를 확실히 경험한 6가지를 골라낸 것이다.

한계의 법칙 & 영향력의 법칙

책의 첫머리에 등장하는 '한계의 법칙(The Law of the Lid)'은 '리더십의 역량이 성공의 한계를 결정한다'는 것이다. 즉 리더십이 클수록 더 큰 성공을 거둔다는 말이다. 나는 이 법칙이 가장 잘 적용되는 분야가 GA 업계라고 확신한다. 나의 리더십 역량에 따라 내가 만드는 조직의 크기와 성과가 결정되기 때문이다. 그것이 바로 내가 이루는 성공의 크기다. 사실 이건 내가 이 책을 읽기 전에 현장에서 먼저 경험한 법칙이기도 하다.

리더십이란 많은 사람들을 담을 수 있는 그릇과 같다. 리더십이 뛰어난 사람은 더 많은 사람을 품고, 결국 더 큰 조직을 만들게 된다. 여기서 중요한 것은 조직이 커지면서 리더십이 자라는 게 아니라, 리더십의 크기에 따라 조직의 크기가 결정된다는 점이다. 두세 명뿐인 조직이라 할지라도 리더가 수백 수천 명의 조직을 이끄는 최고 경영자의 리더십을 갖추면 결국 그렇게 조직이 성장한다는 이야기다. 그러기에 지금 자신의 위치가 갓 입사한 신입 사원이라도 생각만큼은 그 조직의 최고 직급 관리자처럼 해야 한다.

그렇다면 어떻게 리더십을 키울 수 있는가? 여기서 등장하는 것이 '영향력의 법칙(The Law of Influence)'이다. 이건 간단히 말해 '리더십의 진정한 척도는 영향력'이라는 말이다. 영향력을 키우는 것이 리더십을 키우는 일이다. 그렇다면 영향력은 어떻게 키울 수 있는가? 맥스웰은 성품과 관계, 지식, 직관, 경험, 과거의 성공, 능력 등을 들고 있는데 나는 그중에서도 GA에서 가장 중요한 것은 '과거의 성공'이라고 생각한다. 내가 신입 사원에게 "죽을 힘을 다해서 첫 달에는 무조건 1천만 원 이상의 급여를 달성하라!"고 독려하는 이유도 그것이다. 이런 경험은 어떤 슬럼프가 닥쳐도 극복할 수 있는 버팀목이 되어 줄 뿐 아니라 든든하게 나를 지켜 주는 커리어가 된다. 이것을 보고 고객들은 내가 권하는 보험에 가입하고, 리크루팅 후보자들은 내가 몸담은 회사에 입사한다.

물론 과거의 성공이 좋은 커리어를 만드는 전부는 아니다. 지금 내가 하고 있는 모든 행동 - 이른 출근, 깔끔한 복장, 긍정적인 말 한마디 등 - 이 차곡차곡 쌓여 내 커리어를 만든다. 특히 긍정적인 말과 생각이 중요하다. 내가 먼저 긍정적인 사람으로 변화하고 주변 사람들을 변화시켜야 조직이 성장하기 때문이다. 더불어 부정적인 말과 행동을 피하는 것도 중요하다. 긍정적인 생각은 천천히 퍼지지만 부정적인 생각은 빨리 퍼지는 탓이다.

긍정적인 말과 생각은 은은한 꽃향기와 같다. 처음엔 잘 느끼지 못하지만 어느 순간 주변 사람을 기분 좋게 만든다. 부정적인 말과 생각은 쓰레기 더미와 같다. 아무리 꽃향기가 가득한 곳이라도 한번 쓰레기 더미가 버려지면 악취가 향기를 압도하게 된다. 그러니 내 마음에 부정적인 말과 생각이 들어오는 것을 막아야 한다. 우리 조직도 마찬가지다. 나쁜 영향력이 퍼지는 것을 막고 선한 영향력을 끼치는 것. 리더가 해야 할 일이다.

과정의 법칙 & 항해의 법칙

"리더십은 하루아침에 계발되지 않는다." 얼핏 당연한 이야기에 맥스웰은 '과정의 법칙(The Law of Process)'이라는 타이틀을 달았다. 조금 오버하는 것 같다고? 하지만 나는 영업 현장에서 과정의 법칙이 얼마나 중요한지 몸으로 느꼈다. 맥스웰의 말처럼 리더가 되는 것은 주식 투자와 유사했다. 대박의 꿈을 꾸고 한탕주의에 빠진 사람들은 리더십을 키울 수가 없었다. 반면 장기간에 걸쳐 꾸준히 '가치 투자'에 집중한 사람들은 어느 순간 출중한 리더가 되어 있었다. 조직에 대한 지속적인 헌신과 봉사가 리더의 역량을 키운 것이다.

특히 "리더는 학습하는 사람이다"라는 말에 100% 공감한다. 앞에서 성공하는 사람들은 100만 원짜리 교육도 필요하다고 생각하면 주저 없이 신청한다는 말을 했다. 바로 이런 사람들이 훌륭한 리더가 된다. 성공한 덕분에 비싼 교육을 부담 없이 받는 게 아니다. 성공하기 위해서 비싸도 아낌없이 투자하는 것이다. 100만 원짜리 교육을 받았지만 그게 바로 영업 성과로 이어지지 않는다고 실망할 필요는 없다. 감나무를 처음 심으면 감이 열리는 데까지 3년이 걸린다고 한다. 리더십도 그렇다. 리더의 마인드를 가지고 조직에 대한 헌신과 봉사, 교육에 대한 아낌없는 투자까지 적어도 3년 이상은 꾸준히 지속해야 한다. 이런 과정 없이 리더십도 없다. 이게 바로 이해는 쉽지만 실천은 어려운 '과정의 법칙'이다.

이런 과정을 거쳐 조직의 리더가 되었다면 이제 '항해의 법칙(The Law of Navigation)'을 지켜야 할 때다. '리더는 항로를 정하는 사람'이기 때문이다. 조직의 리더, 특히 큰 조직의 리더는 조직이 나아가야 할 방향을 결정하고 그에 따라 관리자들을 배치해야 한다. 마치 배의 항로를 결정한 후 항해사와 기관사 등을 적재적소에 배치하는 선장처럼 말이다. 실질적인 운항은 리더에게 권한을 부여받은 관리자들이 한다. 이것까지 리더가 하는 것은 효율적이지도 바람직하지도 않다. 대신 조직이 앞으로 나아갈 수 있는 추진력을 제공해야 한다. 이것은 리더의 봉사와 헌신, 투자다. 그리고 여기에는 선택과 집중이 필요하다. 모두에게 동일한 지원을 하는 것보다 성공의 자질을 갖춘 이에게 에너지를 집중하는 것이 좋다. 그리하여 성공 케이스를 만들어내면 다른 사람들도 저절로 따라오게 되는 것이다. 앞서 이야기한 DB영업처럼 말이다. 나는 자질이 보이는 소수에게 DB를 몰아주어 성공 케이스를 만들었다. 그랬더니 다른 사람들도 DB 영업에 뛰어들어 성공이 줄을 이었다.

안타깝지만 이런다고 해서 모든 사람들이 성공 대열에 합류하는 건 아니다. 자질이 부족하고 노력 또한 하지 않는 조직원은 너무 작은 그릇과 같다. 여기에 리더가 아낌없이 투자를 해 봐야 흘러넘칠 뿐이다. 리더의 헌신과 투자가 스마트하게 이루어져야 하는 까닭이다.

덧셈의 법칙 & 끌어당김의 법칙

리더는 헌신과 봉사를 통해 조직원들의 삶에 가치를 더하는 사람이다. <u>리더십의 핵심은 리더 자신이 얼마나 높이 올라가느냐에 있는 것이 아니라 구성원들을 얼마나 성장시킬 수 있느냐에 달렸다는 말이다.</u> 이것이 바로 '덧셈의 법칙(The Law of Addition)'이다. 리더가 무슨 자원봉사자나 자선 사업가냐고? 여기에 리더십의 비밀이 있다. 리더는 조직원의 삶에 가치를 더함으로써 조직의 가치를 키우고, 궁극적으로 이 모든 것이 리더의 가치로 환원된다.

덧셈의 리더는 조직원을 짜내서 자신의 성과를 이루는 대신 조직원의 가치를 높여서 결국 자신의 가치를 이루는 사람이다. 리더가 더한 가치는 조직원들 사이에 퍼지면서 덧셈에서 곱셈으로 변화한다. 결국 조직은 기하급수적으로 성장하고 리더와 조직원이 함께 거둔 성공은 모든 한계를 뛰어넘는다.

이는 전국시대 맹자와 양혜왕의 대화를 떠올리게 한다. 맹자를 본 양혜왕이 물었다.

"이렇게 천 리 길을 멀다 않고 오셨으니, 장차 위나라에 어떤 이익을 주시겠습니까?"

맹자는 대답했다.

"임금께서는 하필 이익에 대해 말씀하십니까? 오직 인의가 있을 따름입니다."

리더십의 관점에서 본다면 양혜왕은 사람들에게서 이익을 얻으려 하는 '뺄셈의 리더', 맹자는 사람들에게 인의라는 가치를 더하는 '덧셈의 리더'라고 할 수 있다. 덧셈의 법칙이 조직에 퍼지면 곱셈의 기적이 일어나듯, 뺄셈의 법칙이 조직을 물들이면 나눗셈의 비극이 발생한다. 그만큼 조직이 급속하게 허물어지는 것이다. 뺄셈의 리더가 되기는 쉬워도 덧셈의 리더가 되기 어려운 건 당연한 일이다. 사람은 누구나 이익을 추구하도록 진화했기 때문이다. 그러니 덧셈을 위해서는 의식적인 노력이 필요하다. 리더가 모든 면에서 모범을 보여야 하는 이유가 이것이다.

덧셈을 위한 노력은 '끌어당김의 법칙(The Law of Magnetism)'으로 이어진다. 이는 앞서 언급한 『시크릿』의 '끌어당김의 법칙(Law of Attraction)'과 비슷하면서도 다르다. 후자가 '간절히 바라면 이루어진다'는 것에 가깝다면 전자는 '리더십이 주위에 모이는 사람들을 결정한다'는 말이다. 이건 '용장 밑에 약졸 없다'는 우리 속담과도 통한다. 한마디로 유유상종, 긍정적 기운이 가득한 리더에게 긍정적인 사람들이 모인다는 이야기다.

나는 관리자를 지향하는 우리 조직원들에게 이런 말을 한다.

"여러분은 리크루팅을 했을 때 어떤 사람이 입사하길 원하시나요? 작은 부분까지 구체적으로 생각해 보세요. 그리고 그걸 종이에 하나씩 써 보세요."

사람들이 적는 내용은 대동소이하다. 성실한 사람, 용모단정한 사람, 출근을 일찍 하는 사람, 긍정적인 기운을 간직한 사람…. 다 적은 뒤에 내가 덧붙이는 말은 이렇다.

"여러분이 원하는 사람이 입사하도록 만드는 확실한 방법이 있습니다. 바로 여러분 자신이 먼저 그런 사람이 되는 겁니다. 그러면 일부러 찾아다니지 않아도 비슷한 사람이 모여들게 마련입니다. 이게 바로 맥스웰이 말한 '끌어당김의 법칙'입니다."

안본부의 핵심 정리 Chapter 8

리더십을 키우는 6가지 법칙

1. **한계의 법칙**

   | 리더십의 크기가 성공의 크기다.

   | GA 업계는 특히 그렇다!

2. **영향력의 법칙**

   | 리더십의 진정한 척도는 영향력이다.

   | 과거의 성공이 영향력을 키운다.

3. **과정의 법칙**

   | 리더십은 하루아침에 계발되지 않는다.

   | 무엇이든 3년은 꾸준히 계속하라.

4. **항해의 법칙**

   | 리더는 항로를 정하는 사람이다.

   | 성공 케이스로 추진력을 만들어라!

안본부의 핵심 정리 Chapter 8

리더십을 키우는 6가지 법칙

5. 덧셈의 법칙

| 리더는 조직원들에게 가치를 더하는 사람이다.

| 리더는 모든 면에서 모범이 되어야 한다.

6. 끌어당김의 법칙

| 리더십이 주위에 모이는 사람들을 결정한다.

| 내가 먼저 뽑고 싶은 사람이 되어야 한다.

긍정적인 말과 생각은
은은한 꽃향기와 같다.

Epilogue

당신의 꿈은 무엇입니까?

지금까지 GA와 더불어 우리의 영원한 화두, 보험과 영업에 대한 이야기를 풀어 보았다. 한참을 정신없이 이야기하다 보니, 문득 내 옆을 돌아보게 된다. 나의 친구들, 동기들 모두 뭔가를 준비하고 있다. 취업을 준비하거나 결혼을 준비하거나….

흔히 '대기만성'이라고 한다. 큰 그릇은 느지막이 완성된다는 말이다. 그러나 요즘 젊은이들은 큰 그릇이 아니라도 좋으니 제발 빨리 아무거라도 되었으면 좋겠다는 생각이 간절하다. 그만큼 무엇 하나 되기가 쉽지 않은 탓이다. 언제까지 알바만 할 것인지, 언제까지 취준생 딱지만 붙이고 살 것인지, 어려운 숙제다.

2030 세대의 행복 담론으로 소확행(小確幸)이란 말이 유행한다. '작지만 확실한 행복'이라는 뜻이다. 이제 큰 행복은 바라지도 않는다. 큰 그릇은 꿈도 꾸지 않는다.

『하마터면 열심히 살 뻔했다』, 『게으르면 좀 어때서』, 『죽고 싶지만 떡볶이는 먹고 싶어』…. 요즘 젊은 세대가 열광하는 책 제목들이다. 팽팽한 경쟁 사회 속에서 늘 채찍질하며 살아오다가 이제는 주먹 꽉 쥔 손을 펴고 잡았던 것을 놓고 싶은 것이다. 무엇을? 사실 놓고 싶은 것조차 없는 것이 우리 청년 세대의 특징이라고 하면 너무 과장일까.

여기에 조금은 조심스러운 질문을 던져 보고 싶다. 너무 지쳐 버린 이들에게 상처만 주는 것이 아닐까 걱정도 되지만, 꼭 물어보고 싶다.

"당신의 꿈은 무엇입니까?"

어린 시절 나의 꿈은 단순하고 소박했다. 온 가족이 함께 행복하게 사는 것! 이 꿈을 위해서는 무엇보다 함께 살 집이 필요했다. 집을 사려면 돈이 필요했다. 내가 돈의 필요성에 대해 남들보다 조금 일찍 깨닫게 된 이유다. 나에게 돈이란 내 꿈을 이루기 위해 꼭 필요한 것이었다.

지금 나의 목표는 내가 사는 천안에 대규모 보험 센터를 세워 지역의 랜드마크로 만드는 것이다. 누구나 부담 없이 와서 보험 상담을 받고, 가입하고, 보험금도 청구하는 등 보험의 모든 것이 원스톱으로 이루어지는 곳으로 만들 것이다. 이러한 내 인생의 최종 목표를 향해서 보험 센터 건물에 벽돌을 하나씩 쌓듯 한 단계, 한 단계 올라가고 있다.

나는 목표를 내 수첩에 적어 놓았다. 그리고 거기에서 잠시도 눈을 떼어 본 적이 없다. 목표를 적어 놓고 쉴 새 없이 그것을 이루기 위해 앞으로 나아갔듯이, 내 꿈 또한 한시도 잊은 적이 없다. 시간이 지남에 따라 내용은 바뀌었지만, 나는 늘 꿈을 꾸고 있었다.

"나처럼 하면 여러분도 성공합니다!"

이런 말은 결코 하고 싶지 않다. 각자 걷고 있는 상황과 삶의 궤적들이 다 다른데 어떻게 그런 말을 함부로 할 수 있겠나. 하지만 이 말은 꼭 함께 나누고 싶다. 여러분 가슴에 하나씩 새겨 드리고 싶다.

"여러분의 꿈에 귀를 기울이시기 바랍니다."

그 꿈은 어디로 가야 할지 모르는 삶에 북극성이 되어 줄 것이다. 그 꿈을 따라가시길 소망한다. 물론 중간에 실패할 수 있다. 하지만 "그 실패를 인생의 마지막으로 여기고 멈춰 버릴 것인가, 아니면 당연한 과정으로 여기고 재무장해 다시 앞으로 나아갈 것인가?" 하는 문제라면, 나는 단연코 정답을 알고 있다. 이 책을 읽고 있는 여러분도 나와 같은 답을 고르셨으리라 믿는다.

우리 모두 함께,

굿 럭!

memo

정리
구완회 잡지 기자를 거쳐 출판사 편집장으로 일했다. 지금은 여행과 역사 책을 집필하는 프리랜서 작가로 일하고 있다.
황서미 광고대행사의 카피라이터를 거쳐 다양한 글 작업을 해 왔다. 최근에는 자신의 이름으로 된 첫 에세이를 쓰고 있다.

GA 영업의 신
GA 성공을 위한 8가지 원칙

초판 1쇄 펴냄 2020년 9월 7일
초판 2쇄 펴냄 2021년 8월 25일

지은이	안주원
펴낸이	최나미
편집	정민규
교정교열	김동욱
표지디자인	디자인오투
본문디자인	진아라
경영지원	고민정

펴낸곳	한월북스
출판등록	2017년 7월 13일 제 2017-000007호
주소	서울특별시 강남구 광평로 56길 10, 광인빌딩 4층 (수서동)
전화	070-7643-0012
팩스	0504-324-7100
이메일	hanwallbooks@naver.com
ISBN	979-11-961945-8-1

- 책값은 표지 뒤쪽에 있습니다.
- 잘못 만들어진 책은 바꾸어 드립니다.
- 이 책 내용의 전부 또는 일부를 재사용하려면 반드시 저작권자와 한월북스 양측의 동의를 받아야 합니다.
- 이 도서의 국립중앙도서관 출판예정도서목록(CIP)은 서지정보유통지원시스템 홈페이지 (http://seoji.nl.go.kr)와 국가자료공동목록시스템(http://kolis-net.nl.go.kr)에서 이용하실 수 있습니다. (CIP제어번호: CIP2020032325)